老年人科学健身指导丛书

柔力球

中国老年人体育协会 编

人民体育出版社

《老年人科学健身指导丛书》编委会

《柔力球》编写组

主　编： 庄顺福

副主编： 李恩荆

成　员： 刘家骥　白　榕　彭永凤
莫光平

序

我国的特色社会主义建设进入了一个崭新的时代。与此相关的一个社会问题也出现了，我国步入了老龄化社会，而且人口老龄化进程不断加快。全国65岁及以上老年人占总人口比从1982年的4.9%，上升到2001年的7.1%，2016年达10.8%。另外，我国慢性病患者年轻化趋势明显。在慢性病方面的挑战前所未有：在每年1030万死亡病例中慢性非传染性疾病占比超过 80%。慢性病患病率上升的同时，其知晓率、治疗率、控制率却严重不足。例如，2012年高血压的知晓率、治疗率和控制率分别是46.5%、41.1%、13.8%，成年人糖尿病的各项占比分别为36.1%、33.4%、30.6%。农村地区慢病的知晓率、治疗率和控制率更低。相当规模的人群缺乏自我健康管理的意识和能力，忽视了健康及其投入。

党的十八届五中全会作出推进“健康中国”建设的决策部署。2016年8月，党中央、国务院隆重召开新世纪第一次全国卫生与健康大会，明确了建设健康中国的大政方针；同年10月，发布实施《“健康中国2030”规划纲要》，明确了行动纲领。党的十九大将“实施健康中国战略”提升到国家整体战略层面统筹谋划。从全面建成小康社会到基本实现现代化，再到全面建成社会主义现代化强国，健康中国战略将在每一个阶段与整体战略紧密衔接，以发挥重要支撑作用。这是以习近平同志为核心的党中央从长远发展和时代前沿出发，坚持和发展新时代中国特色社会主义的一项重大战略部署。坚定不移地实施这一战略，促进卫生健康事业发展和人民健康水平持续提升，必将为全面建成小康社会、建成社会主义现代化强国打下坚实的健康根基。

古人早就认识到，“上工治未病，不治已病”。世界卫生组织调查显示，要达到同样的健康标准，所需要的预防投入与治疗费、抢救费比例为1：8.5：100，也就是说预防上多投入1元钱，治疗费就可少花8.5元并节约100元抢救费。

体育在健康中国中有着重要的作用。2014年10月，党中央、国务院就把全民健身上升为国家战略。体育部门在健康中国中肩负着很大的责任，体育工作者有着巨大的工作空间，体育运动在健康中国当中起着不可替代的作用。因此，要充分认识到科学锻炼的重要性。

人民健康是民族昌盛和国家富强的基础条件。随着人们生活水平的不断提高，越来越多的人认识到体育锻炼的重要性，不少人主动参与体育锻炼，健身的需求空前旺盛，健身的愿望空前强烈。

随着参与锻炼人群的不断扩大，健身热潮的不断高涨，科学健身变得越来越重要。现在不少人知道了锻炼的好处，而对于如何锻炼是科学的，锻炼计划是否符合自己的实际情况却不了解。

各个年龄阶段的锻炼项目和运动量是不同的。为了满足老年人科学健身与养生的需求，在中国老年人体育协会的努力及专家、学者的辛勤付出下，终于编写完成了这套《老年人科学健身指导丛书》。

老年人要结合自己的爱好和身体状况，选择一两项既适合自己，又感兴趣的运动项目，科学锻炼，常年坚持，对于老年阶段的快乐、健康的生活会非常有好处。良好的生活习惯和生活方式、平和的态度、合理的饮食搭配、科学的锻炼等，都是健康的必要条件。其中，科学的锻炼是其中一个重要的方面。“运动是良医”已经成为不少老年人的共识。

希望这套书能够帮助广大老年人科学地进行锻炼与养生，高兴、快乐、健康地度过晚年生活。

谢谢为此书作出努力的同志们！

冯建中

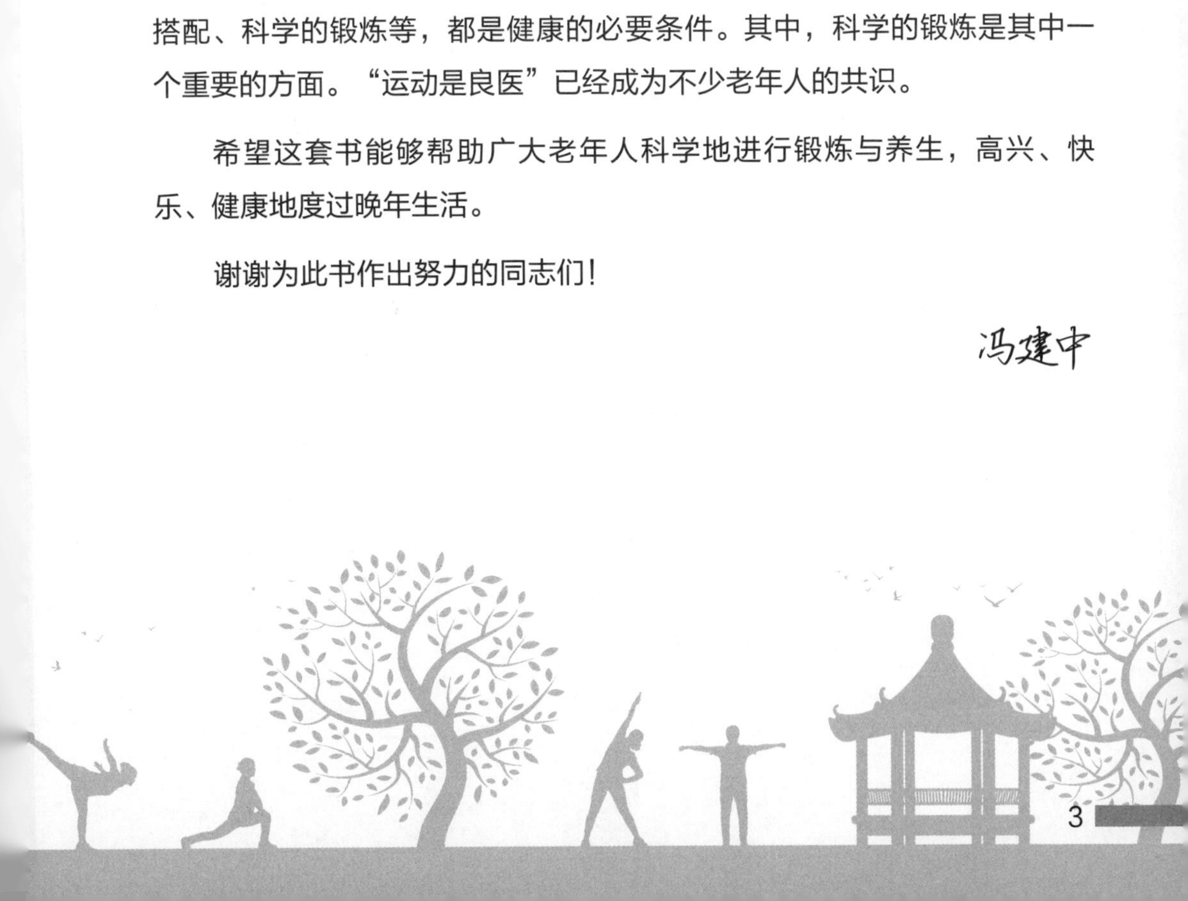

柔　　　　力　　　　球

前 言

随着我国经济实力的不断增长，人民生活水平的不断提高，老年群体在全民健身的大潮中扮演着越来越重要的角色。加强老年人体育工作，推出更多、更科学的老年人健身项目，让更多的老年人参与其中，这将是适合我国生产力水平和社会发展状况的最佳选择。

柔力球运动作为一项新兴体育项目，在全国中华总工会、国家体育总局、中国老年人体育协会的大力支持和培育下，通过短短26年的推广，获得了蓬勃发展，柔力球项目从无到有，从小到大，从年轻人到老年人，从单一竞技到竞技和套路并重，获得了全世界近500万人的青睐，就连党和国家领导人在工作之余也挥动起了柔力球拍。

随着老年人参与全民健身、参与柔力球运动的人群日益增多，各级各地老年人体育协会、广大的柔力球爱好者都急需一套能全面了解柔力球历史、系统讲解柔力球技术、深入学习柔力球规则的书籍。中国老年人体育协会顺应项目发展需求，特别是在总结连续推广柔力球运动17年，组织全国柔力球单项交流活动15届的基础上，专门组织常年服务于中老年柔力球爱好者的专家学者编写了《柔力球运动》一书，本书主要内容包括柔力球起源与发展、基本理论、健身价值、技战术训练、规则与竞赛组织形式等方面进行了详实、全面的讲解，并配合技术彩图和视频、用通俗的语言、准确的表达为广大的柔力球爱好者提供了一个易学、易懂的科学健身范本。

古人云：千里之行，始于足下。在本书即将面世之际，我们深感这只是研究柔力球运动的一个开端。由于柔力球运动的研究涉及文化传承、技战术创新、科学训练等诸多方面，加之我们水平有限，书中若有不妥之处，恳请各位读者理解、支持和帮助，与我们一起为弘扬中华优秀的文化而努力！

编写组

CONTENT

目录

01

致柔力球运动初学者

柔力球运动是以东方文化为底蕴所创编的运动项目。本章主要向大家介绍什么是柔力球运动、柔力球运动的三要素是什么、如何打出想要的弧形，以及柔力球运动目前的普及程度等内容。

柔力球，东方文化的化身

柔力球是1991年由山西省晋中市卫生学校教师白榕发明的。它是指练习者手持柔力球拍，以球在球拍上做缓冲退让性的弧线或圆形的运动为主要特征的一项民族体育项目。柔力球运动具有深厚的东方文化内涵，融太极运动方式与现代竞技双重特征于一体，积极借鉴、汲取太极拳运动和武术运动中刚柔相济、以柔克刚的技理，奠定了其自身先引后发、引进合出、借力打力的基本运动思想。其“弧形引化过程”是柔力球运动的核心技术所在。这是该项目与羽毛球、网球和乒乓球等其他架网相隔、持拍对打的球类运动项目的主要区别之一。

了解它，从三要素开始

柔力球是太极化的球类体育项目，在运动理念和运动形式上无不体现太极思想和太极运动的内涵，所以“太极”是这项运动的根本和生命。太极运动的核心思想“以柔克刚、以退为进、顺敌之势、化敌之力、引进合出、借力打力”和太极运动完整连贯、圆润柔和、自然流畅、连绵不断的动作特点，恰恰在柔力球运动中充分体现出来。在现有的持拍类体育项目如羽毛球、网球、乒乓球等，它们是利用身体力量带动球拍，并在瞬间将球直接击打出去，其运动轨迹大多是直线，技术特点是直接、快速、有力，在心理上体现的是一种宣泄和释放。而柔力球是球拍在身体的带动下，与来球方向相向运动，运动轨迹是弧线。通过弧形引化，将来球之力和身体旋转之力结合，形成一个更大的浑圆完整之力，将球高质量、巧妙、精确地送出，在太极运动中称为“借力打力、后发制人”。它的技术特色是柔缓含蓄、刚柔相济、细腻圆滑。

柔力球在心理上提倡内敛，主张动静和收放的平衡。作为持拍类的运动项目，它们的共同之处都是以身体带动球拍来改变球的运动轨迹，只是采用的方法、手段不同。因为柔力球球拍控制球的过程有一定的时间，在这个过程中，可以有目的地在画弧的不同阶段选择向不同的方向和角度出球，真假虚实、声东击西，使对方难以判断，画弧所拥有的时间也给了运动员充分发挥技巧、运用智慧、创造美的空间，使东方民族处理问题含蓄、灵活、细腻的民族特点得到充分的体现。

柔力球运动是应时代而生的球类体育项目，在竞技类比赛中，它保留着太极思想和太极运动的神韵，同时又融入了如羽毛球、网球、乒乓球等体育项目的竞赛形式，使柔力球比赛优雅美观，紧张激烈，赏心悦目，精彩纷呈，更加突出了体育运动的竞技性、观赏性和趣味性。同时，它还能进行表演赛，在表演比赛中，将本民族传统的武术、舞蹈、杂技与现代的艺术体操、花样滑冰、现代舞等项目有机结合，兼容并蓄，取其所长。使表演动作圆润柔和，连绵不断，形成了一种独具太极特色，人球和谐的艺术表演形式。

下面我们就弧形引化过程的三要素进行分析，如下图所示：

01 迎

当球飞来时手持球拍，持拍臂主动伸拍靠近球体，此时为由A到B的过程。这个过程为球体与拍体的相对过程。在由B到C的过程中，球拍是一个无限靠近球体但还没有接触球体的过程，这个过程为“迎”的过程。此时，拍体与球体是一个相向运动的过程。这个看似简单的过程，却是整个弧形引化过程的开始。“迎”的质量高低，事关整个动作的质量。因此，“迎”的角度、力度、入球时机至关重要。

02 引

在球体进入球拍的一瞬间，即为“迎”的结束，“引”的开始，即C点。从C到D就是完整的“引”的过程。身体带动持拍臂和球拍进行一个匀变速圆弧运动，运行的轨迹（CD的长度）可长可短，运动的半径（OC的长度）可大可小，但必须保证在同一个圆弧的条件下完成。

03 抛

“抛”是弧形引化的最后过程，也是一个节点，即D点。此时，球从球拍引化方向的边缘沿着引化圆弧的切线方向飞出。

弧形引化过程

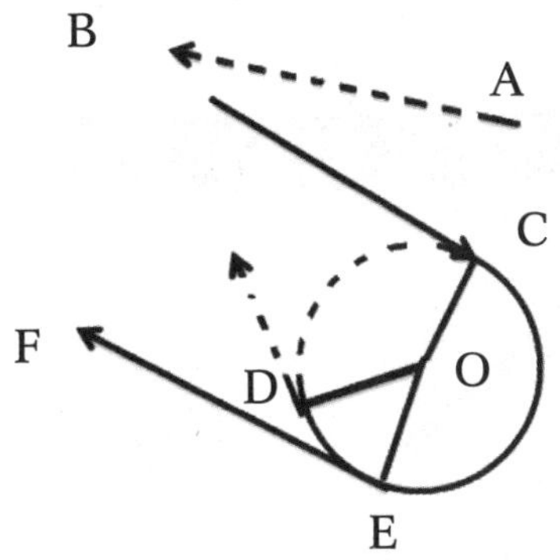

迎、引、抛作为弧形引化过程的三个阶段，既要准确反应各个环节的不同特点，又要在整体动作中融会贯通，连为一体。弧形引化是一种有目的、有意识的过程，在整个过程中，受到人的主观控制和外界环境变化的客观干扰，呈现出复杂的时间、空间关系，因此更强调引化过程的及时性和完整性。这就要求我们在抛球过程中，球拍的横截面应始终处于抛球圆弧的切线上，球保持在球拍的内侧。抛球过程的用力是在抛球的初始阶段。球拍与球在抛球弧线中是匀速或匀变速运动，在抛球过程开始后，不得再出现第二次突然用力和改变原有弧线轨迹的行为。在球出球拍的瞬间，出球点的拍框外缘应与出球方向保持一致。

打出想要的弧形

在“引化现象”表现为“大小都是弧、大小都是圆”的设定条件下应特别注重拍、弧之间的对应关系。在弧形引化过程中，拍面中心点应始终处于圆弧切点位置，且应与弧形引化轨迹中的任意一点相吻合。如下图，在引化方向拍框边缘的正中点为引化先导点，再与其相对应的处于引化方向后侧的拍框边缘的正中点为对应点，通过拍面中心点C将上述两点连接后形成的连线AB，与弧内圆心O到拍面中心点C的连线相垂直。球拍触球面在弧形引化轨迹中，应始终对准弧内圆心方向。最后出球阶段，球拍应沿着引化圆弧切线方向运行，最后出球的瞬间，引化方向的拍框边缘应对准抛出方向。

拍弧对应关系

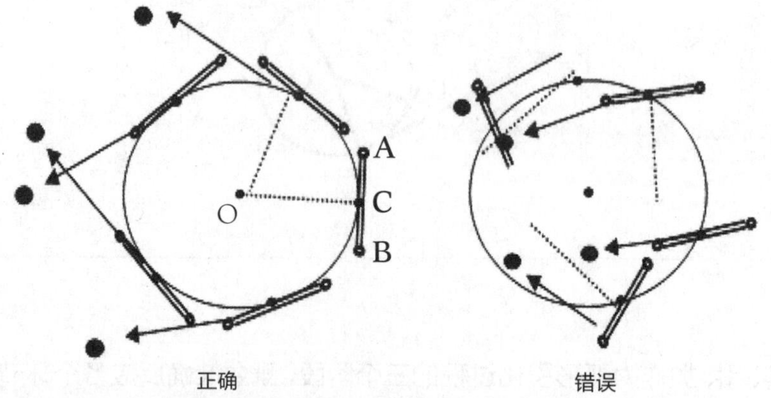

鉴于上述的拍弧对应关系，在弧形引化过程中的任意一点上，当球拍面与引化圆弧产生较大角度并致使引化技术动作出现推、压、扇、抖、挑、扣等可见现象时，均应视为错误的接抛球动作。

柔力球的运动方法和竞赛规则都是围绕上述的技术原理、三大要素、受力分析及其拍弧对应关系而设立的。这些也是柔力球运动的根本法则和基本理论。它大部分的动作都是以身体的冠状轴、垂直轴、矢状轴为轴心进行的旋转运动，有一部分还是有支撑点无实体轴或复合轴的运动。从理论上讲，在抛球的过程中，圆心和半径不能突然改变，球拍与弧的对应关系不能发生错误。从视觉角度来讲，在上述的要求发生错误时，动作变动是非常明显的，也是很容易判断的，但人体是在动态中完成动作的，要想使动作绝对精确也是不可能的。人毕竟不是机器，不可机械地理解柔力球的理论内容，要从实际、直观和可操作的角度认识它，并在训练、比赛和裁判工作中尽最大努力使动作规范，使之符合这项运动的基本理论。

大家都在练柔力球

目前，据不完全统计，全国已有200万人在从事这项运动。柔力球运动已经成为一项具有浓郁民族特色、并蕴含浓郁中华文化的体育运动，在奥运会对外宣传片中，在国际文化交流中，在各级各类社区文化表演中，处处显露出其独特的身影，特别是曾在北京许多国际体育比赛的开幕式上做表演，如国际自行车比赛、国际马拉松比赛、世界群众体育大会开幕式等。

经过20余年的不断研究与完善，柔力球运动逐渐跨出国门，走向了世界。现在已有澳大利亚、德国、匈牙利、墨西哥、新加坡、俄罗斯、荷兰、意大利等27个国家的多个社会团体和组织开展这项运动，其中日本、匈牙利、德国等已经成立了柔力球协会或联盟组织。2005年，德国等欧洲10国的柔力球爱好者在青岛建立了培训基地，之后每年派人接受中方培训，2006年10月在德国举办了首届欧洲柔力球锦标赛，至今已经连续举办了3届全欧洲锦标赛。据不完全统计，仅境外的柔力球爱好者就达30万人。

柔力球运动在社会各界如火如荼地开展之际，教育主管部门也积极参与进来。1995年，柔力球运动通过了原国家教委全国中小学体委教学改革指导小组、全国高校体育教育指导委员会的严格审定，认为该项目“符合学生的身心发展特点”，建议“在大、中、小学校课外体育活动中开展此项运动，有条件的学校，也可作为九年义务教育中民族传统体育部分的选用教材使用，待条件成熟后可逐渐列为一项学校体育比赛项目”。这为柔力球运动在高校推广提供了有力的政策支持。截止到目前，全国高校已有包括华中师范大学、北京体育大学、浙江工业大学、香港浸会大学在内的百余所学校开展此项运动。

认识一下柔力球的器械

01 球

柔力球球体为圆形，是由橡胶或其他合成材料制成的充气球。柔力球球体直径为6.7厘米±0.2厘米，球的总重量为54克±2克，球皮重量不低于22克。柔力球球面可以是光面、花纹面或有凸起点，但花纹或凸起点的高度不得超过0.04厘米。

02 球拍

柔力球球拍由拍柄、拍颈、拍框、拍面组成。拍柄是持拍者握住球拍的部分，拍面是持拍者用于接抛球的部分。球拍总长为47~54厘米。一般来说，竞技球拍长于套路球拍，球拍整体的总重量为80~180克。球拍拍面由柔软有弹性的橡胶或其他合成材料制成，拍面要求平整，花纹或凸起点高度不得超过0.02厘米，厚度不得超过0.1厘米。在球拍水平放置时，拍面的中心点应为下垂的最低点。

02

我们为什么选择柔力球

柔力球运动以其自身的特点受到了越来越多人的喜爱。本章将向大家介绍柔力球运动的独特魅力与优势、柔力球运动对人体机能的积极影响、科学制订运动计划，以及在练习中可能遇到的问题等内容。

柔力球的独特魅力与优势

源自太极拳文化

柔力球运动是一种球类化的太极拳运动。太极拳是一种圆活连贯、上下相随、柔中寓刚、以意导动的拳术，作为太极拳的延伸，柔力球吸取其精髓，采用特制的球拍，以主动迎球，顺势引球，悄无声息做弧形引化，并利用惯性将球顺势抛出。这样一种反常运动方式，使得“太极”运动得以球类化。

01 柔力球创编的思维特点

柔力球从根本上改变了传统的硬性击球方式，要求顺来球的方向和路线做出弧形引化动作，并连贯地完成“迎”“引”“抛”三个技术环节，要求在击球时球与球拍之间不得出现撞击、折向、持球引化和二次发力等行为。

柔力球从入球到击球的整个过程连贯、自然、流畅，一气呵成。在柔力球运动中，不仅需要掌握基本技术，还需要根据来球的具体情况和自己的意图随机应变。

柔力球以其圆灵舒展、矫健优雅的特点不仅传承了太极拳富含哲理的文化内涵和自身价值，弥补了太极拳活泼性、趣味性不足的缺点。而且，在整个运动过程中处处体现着中国哲学的“辩证”思想，展示含蓄灵活、以柔克刚的巨大魅力，调动人的智慧和运动潜力，机动灵活、随机应变、得心应手地运用动作技术和实现战术组合，有效地提高了人体的智力、灵敏、速度、耐力等综合素质。

02 柔力球的技术动作特点

柔力球是不以直接“碰撞击打”为特征的体育运动项目。它有隔网对抗和套路运动两大类，在套路中它的每一个动作都有诗意、形象的名称，如蜻蜓点水、跟步平云、开合钟摆、回头望月、独立平托、白蛇吐信等。练习中看着轻柔的动作，听着诗意、形象的名称，借着球拍的挥舞，达到“人拍合一、心球合一”的境界，进而取得最佳的健身效果。

03 柔力球配套的音乐特点

柔力球运动的一种（单人、双人、集体）套路都配有优美动听的音乐，乐谱中每一个音符相当于套路中每个动作，音乐的抑扬顿挫、刚柔相济，犹如套路中各个动作的虚实起伏，松紧结合。人们带着健身的欲望，置身于美丽的旋律，享受着音乐美的效应，不知不觉中提高了大脑皮质的兴奋性，消除疲劳，陶冶情操，改善身体各个系统的机能。

因此，柔力球运动采用了多关节的活动，以柔和的技巧、刚柔相济的手法，通过弧形引化抛接球方式，符合人体解剖学、生理学、运动生物力学基本原理，在活动中的多个关节、大小肌肉相互配合，使周身一致、上下相随。并且借鉴武术、乒乓球、羽毛球、网球等技术的精髓和规则，而形成的一种独特的运动方式；秉承了太极精髓，具有深厚的文化内涵和哲理，集健身性、娱乐性、趣味性、表演性、竞技性于一身，不但强化了太极拳中的“以柔克刚”“先化后打”的技术特点，而且还增加了活泼性和趣味性，使其更加轻灵柔顺，妙趣横生，达到了在自然祥和的氛围中强身健体的目的，因此，深受不同层次健身人群广泛喜爱。

大家都可以参与

中老年人随着年龄的增长，神经细胞逐渐萎缩和衰亡，骨骼、肌肉和关节也发生不同程度的衰老，如骨质疏松、肌肉萎缩、失去弹性、骨质增生、关节病等疾患，所以中老年人已不适应进行大强度的运动。但是，柔力球运动是一项有氧运动，没有高强度的对抗练习，中老年人一般运动30分钟，身体会发热而出汗，循环系统的功能加快，且不感觉累，运动量也可灵活调节。体力差的可以以逸待劳，以不变应万变；体力好的可以左奔右突，前后变换；初学者可高接低抛，平稳过渡；娴熟者可四处封杀，各展雄风。

随时随地可练习

柔力球运动不受场地等自然条件的影响，只要有一块平整场地就可以进行练习，如门庭小径，楼层屋顶，若有空旷场地更好；就是比赛用的场地也只是与羽毛球场地相仿。这给学校、社区和家庭提供了便利，而且，柔力球所使用的球拍和球均为橡胶制品和塑料制品，价格便宜，且不怕雨水，经久耐用，因此无论刮风下雨仍可挥拍练习，为健身运动提供了更多的选择。

练出一副好身体

柔力球运动对人体神经系统的影响

柔力球运动是一种轻灵柔和的运动，练习时，虽然肢体在运动，但却保持高度放松，又因练习时拍内随时要控制一个小球，所以精神、意识需要集中在控制球上，完成每一个动作都必须脑、眼和四肢协调配合，做到心球合一，从而改善神经系统的灵活性。

练习时几乎所有动作都是在转圈走弧中完成，每一个动作都要集中精力，由眼神到肢体协调一致，强调精神内守，心静体松，以减少外界因素对大脑的干扰，使人体神经过程的均衡性和灵活性得到提高，从而锻炼人体集中注意力的能力。

老年人练习柔力球可防止中枢神经系统的早衰和老年痴呆症。除此之外，练习柔力球还可以调整人体的心理状态，使人心态平和，情绪稳定。

柔力球运动对人体运动系统的影响

柔力球运动是一项全身性运动，不仅大肌群和关节参与活动，连小肌群也在协同参加。如旋转、画弧、弯腰、弓腿等动作，使肌肉收缩与放松交替进行，始终都能保持周身活动状态和对肌肉的合理刺激与锻炼，增加了全身的肌肉力量和完成动作的能力。

在练习柔力球时，要求“上虚下实中间灵”“松腰活胯”、腰为主宰带动全身，每一个动作都是由腰腹转动运力而完成。虽然没有肌肉群的爆发性收缩，但却很好地增强了肌肉的力量和提高了关节的柔韧性。因此，长期参加柔力球运动，不仅促进了青少年小肌群肌肉的协调发展，同时也有效地保护了老年人的关节韧带，对防止骨质疏松、减缓肌肉萎缩都起到了良好的作用。

肩周炎是常见的老年病症，主要原因是缺乏活动、组织粘连引起的。它给人们的生活带来了极大的不便和痛苦。而柔力球运动以肩关节为轴，做各种弧形运动，练习者注意力集中在控球上，肩关节肌肉在相对放松的状态下挥臂，起到了化瘀通络、按摩牵引的作用。有报道称，参加了几个月的柔力球运动后，肩周炎患者，会得到治愈和不同程度的缓解。

柔力球运动对人体氧运输系统的影响

柔力球运动是一项有氧运动，一般运动时间在30分钟以上，在运动时心脏有节律地收缩舒张，把血液输送到全身，灌注全身各组织器官，满足运动时的供氧、供血。经常进行30分钟以上的运动会消耗脂肪，不仅可以起到减肥的效果，更重要的是可以减少血液中低密度脂肪酸，对于预防冠心病等都有良好的影响。有研究报道，大学生经过一段时间的柔力球运动后，表现出安静时脉搏下降，心输出量增加，血压降低，特别是舒张压降低，脉压差增大；肺活量、肺通气量提高。老年人坚持进行柔力球锻炼，可使呼吸匀细、深长，增加肺泡的弹性，改善了肺通气量和换气功能，起到了预防老年人呼吸系统疾病的作用。总之，坚持柔力球锻炼可以很好地改善人体心肺机能。

柔力球对人体的其他作用

调查材料表明，通过练习柔力球运动后有42%的人体重下降。柔力球运动的爱好者，每天活动1小时，经三个月的练习，超重者体重普遍下降3~5千克。其中，男子体重下降2~5千克的人最多，女子下降1~5千克的人最多。由于锻炼时出汗多，并消耗了多余的脂肪，可维持体重与体形，使得人们更加喜爱柔力球运动。

对于70%以上的中老年人来说，坚持参加柔力球运动最大的收获之一是心情愉悦，到达球场就会集中注意力练习柔力球，把一切烦恼都抛在脑后，心中只有柔力球与球友之间的相互关心和问候。他们在柔力球运动中，用心锻炼，自娱自乐，具有良好的心态，即使是面对比赛也能以平和的心态对待，不过多在意比赛的胜负，主要是为了展示自我，肯定自己锻炼的成果。

此外，柔力球还能促进消化和调节胃肠道的功能，以及提高人体免疫等方面的功能。

总之，柔力球运动对不同的人群、人体各个部分、各器官系统都有良好的作用，既可以作为竞技运动在不同人群中开展比赛，也可以作为全民健身运动在中国乃至世界中开展。

制订计划，量力而行

柔力球运动有广泛的群众基础。运动中的某些动作（如跑、跳跃、传球、接球、翻身等）要求全身或局部肌肉群参与活动，能活跃情绪，对神经系统、心血管系统和呼吸系统机能的改善与提高具有良好的作用，但是有些需要腾空完成的高难动作对神经系统、心血管系统和呼吸系统机能提出了较高的要求，适合体力达到一定水平者。因此在技术动作的选取上必须考虑不同的人群、不同的喜好、不同的年龄、不同的运动水平、不同的目的与要求选择适合自己的小球项目。

由于运动参与者要求与目标不一样，因此对从事柔力球运动者按其健康、体力，以及心血管机能状况，结合生活环境条件和爱好等个体特征制订适当的健身计划。其内容主要包含下面几个方面：

健身目的的确定

根据性别、年龄、职业、爱好和身体健康状况的不同，其运动目的有强身健体、预防疾病、健美减肥、消遣娱乐，以及提高运动成绩等。人们应当根据自己的需要与实际情况，依据健身目的的不同选择不同的运动形式。

健身项目种类的选择

尽管运动参与者有很强的目的性，但是必须对自己的身体状况有清醒的认识和全面的了解，选择相应的柔力球运动形式。同时对柔力球项目的特点也必须了解，有些技术动作对身体的柔韧性有较高的要求（如下腰、盘旋）；有些运动形式对呼吸循环系统有较高的要求（如正式竞技比赛）；而竞技比赛一般运动强度较大；套路竞赛对于心理水平有较高要求。因此，体弱或初学柔力球的中老年人可以选择规定套路练习和竞技技巧的练习；而对于身体素质较好的中老年人，可以选择自选套路比赛或竞技对抗赛。

健身强度的控制

运动强度的定量化是健身有效性与科学性的核心问题，也是我们在健身中最难把握的一部分。它直接影响到锻炼的效果和安全。运动强度是单位时间内的运动负荷，即运动强度=运动负荷/运动时间，反之，运动负荷=运动强度×运动时间。二者表示方法不同，可根据需要分别使用。反映运动强度的生理指标主要参考心率，即运动中的心率与运动后即刻心率。

除去因环境、心理或疾病等因素的影响，当心率在110~170次/分范围时，心率与运动强度呈直线关系。目前，按照心率确定运动强度的方法有：

01 年龄减算法

运动适宜心率=180（或170）－年龄（65岁以上年龄的人用170减年龄，65岁以下的人用180减年龄进行计算）。此法适用于身体健康的人。

02 净增心率计算法

按体质强、中、弱三组分别控制运动强度。如果运动后心率－安静时心率≤60次/分，为强组；运动后心率－安静时心率≤40次/分，为中组；运动后心率－安静时心率≤20次/分，为弱组。此方法适用于心脏病、高血压病等慢性病人。

03 靶心率法

靶心率指能获得最佳效果并能确保安全的运动心率。一般取个人最大心率的60%~85%，而标准的计算公式为：靶心率=（最大心率－安静心率）×（0.8－0.6）+安静心率。此方法可用于各种慢性病者。

04 运动负荷百分比分级法

（运动后心率－运动前心率）/运动前心率×100%，其中运动后净增心率达71%以上者为大运动强度；运动后净增心率在51%~71%以上者为中等运动强度；运动后净增心率在51%以下者为小运动强度。此方法适合于高血压病患者、冠心病患者及中老年体弱者。

在实际操作中，可以在每次柔力球运动前、中或运动后即刻测量心率，以此加强对运动强度的监控。

运动时间的选择

运动时间是指每次持续运动的时间。耐力性运动的持续时间为20~60分钟，有效运动时间一般为20~30分钟（不包括准备活动和整理活动）其中达到适宜心率的时间必须持续5分钟以上。

由于运动时间乘以运动强度决定运动负荷，因此在确定运动负荷的情况下，运动强度越大，运动持续时间越短；运动强度越小，持续时间越长。这可以体现在不同人群身上，即健康成年人适宜采用中等强度，长时间运动；体质弱或有疾病症状者适宜采用小强度，长时间运动；体质好的宜采用大强度，短时间运动，因此可以根据柔力球运动项目的特点及运动参与者自身的状况选择合适的运动时间。

运动频率的选择

运动频率即指每周锻炼的次数。一般认为每周锻炼3~4次是最合适的频率，即隔日锻炼一次，如果有时间，每周进行时间较长的、强度相对较低的运动当然更好。如果每周锻炼的次数少于2次，或者每次进行短时间（20分钟以下）大强度运动，收不到健身的效果。

练习过程中应注意的问题

对心理的要求

中国人对生命的认识有自己独到的见解，讲究人体生命的整体和谐观，注重人与环境、人与自然、人与社会，以及人自身内外的整体和谐观念。因为人的健康也是一种整体和谐、松静柔和的循环，如行云流水的太极运动，正符合人的健康机理。由“天人合一”而展开形成的人们对生命和健康认识的主旨，首先是形神统一，在形和神的统一过程中追求一个最佳的平衡点，只要拥有这种平衡，人的生命便可以保证它原有的时间，所以追求“形神合一”的太极自然能够起到延年益寿的作用。该运动要求人在进行锻炼时保持自身内外的统一、形神的统一，具体体现为上下相合、周身一致、内外合一、形神兼顾等具体的整体和谐观的要求。柔力球运动不外乎是内与外的锻炼。所谓内是指意念、意识。意识和意念的锻炼准则，是保持一种心平气和的心态，也就是平常心。从外形动作上讲，柔力球运动的动作讲究上下协调、内外合一，要求用意不用力。整个动作缓慢柔和，非常和谐。这种和谐运动，是柔力球运动的重要之处，也是该运动健体强身的关键。

对动作的要求

学习柔力球应该循序渐进，从最基本的手型、步法开始，逐渐过渡到学习最基本的动作，然后再学习套路、竞技。要通过学习柔力球动作的外形，逐渐提高对柔力球内在东西的认识体会。在不断地学习过程中，逐渐地加深对柔力球的理解。对柔力球的学习，切不可急功近利，要循序渐进，遵循柔力球柔中愈刚、刚中愈柔、刚柔相济的特点。在刚柔相济的运动中，达到心平气和，大脑平静，使思想意念高度集中，来完成每一个动作。从迎球到抛球，是一个匀速的过程，不能忽快忽慢，时断时停。同时，动作也要均匀，身体不能忽高忽低，步子不能时大时小，进退、伸屈、变转都要匀速。在人们的定势思维中体育项目更多的是以力量和速度取胜，但要学好柔力球，动作就一定要柔软，使僵硬劲化作柔软劲，并养成这种柔软的习惯。要求动作中尽力求柔，在不用蛮力的原则下慢慢地做各种技术动作，这时不用力就容易使人发现动作中的缺点，并在慢柔中改正存在的问题，形成正确的动力定型。一定要注意动作的圆柔性和完整性，每一个动作都要完整连贯，一气呵成。

对技术特征的理解

柔力球运动的技术特征就是各种不同方向的圆或弧的运动，出球的好坏取决于球能在球拍上粘贴不动，且球拍在身体的带动下进行圆周运动而画出一个有速度的规矩完整的圆，有了速度也自然就有了力量，但是我们在平时的训练中往往忽视这两个问题，舍本逐末，总想着在运动过程中突然压肘、抖腕、加速、加力，以获得更佳的进攻力量，但这样恰恰破坏了这个圆的完整性，破坏了圆周运动整体的美观和协调，当然也破坏了整体力量的蓄积过程，使动作僵硬，并造成二次加力犯规。因此，我们不管在竞技比赛的入球到出球阶段，还是在各种套路演练中都要带球拉出力量，时刻从手上感觉出球向外走的离心力，这样你才能恰到好处地将球拍放于最佳的包球位置，使球拍和球贴的更紧，更不易出现失误掉球，这样才能形成“力不断、圆不缺”，球和拍沾连粘随，动作环环相扣、势势相连、绵绵不断的太极特色。

强调身体中正

柔力球运动强调动作的平衡和身体的中正。每一个技术动作都有一个相对的轴和中心，如果过刚过柔、过强过弱、过远过近、过高过低，用力过大过小，都会造成旋转偏离主轴，失去平衡，不能高质量地完成动作。这就需要我们在平时的训练中加强辅助训练，使每一个方向和不同步法及腾空都能有一个平稳的轴。这样我们才能高质量、精彩漂亮地完成每一个动作。所以在训练中找出动作的中心和支撑点，找准动作的旋转轴是我们提高动作质量的关键。在练习太极拳的过程中要求立身中正，不偏不倚，并以立身中正为第一要义，而且身法端正，才能不受制于人。打球也是如此，移动靠步法滑动，保持身体中正，也就是保持了平衡，有了平衡就可以顺利地旋转，随意自如地变化动作，打出巧妙和有力度的球。因为柔力球的力是起于双腿，由腰脊主宰而发出上下一体的合力，要求周身协调，一动全身皆动。如果我们接球时不积极移动脚步，身体左歪右斜、前俯后仰就会使动作上下脱节，无法使全身的力量集中，也无法达成柔力球特有的技术要求，对正确地掌握动作形成了阻碍，也使运动员在比赛场上变得很被动，所以我们在训练时一定要养成良好的习惯，加强步法的移动速度，切忌各种弯腰、探身的动作，使身体重心平稳，上体保持正直，使周身之力上下相随、连绵不断。

用力方法和时机

柔力球运动看起来绵软柔和、不紧不慢，但它同样能打出势大力沉的进攻球。柔则微波不兴，刚则雷霆万钧，柔中愈刚、刚中愈柔、刚柔相济，这是太极类运动的要决，但由于初学者对柔力球的用力方法缺乏正确的引导，往往一发力就破坏了动作的连贯性，出现技术违例，这是容易出现的问题。这就要求我们对如何发力有一个正确的概念，首先要明确的是柔力球是以柔为主体，以柔化力、以柔克刚，它的力量是均匀、连贯、完整的浑圆之力。那种我们习惯中的间接式和停顿后再爆发式的用力都是违反规则的。柔力球的力度和抛球方向是在入球的瞬间决定的，因为在柔力球规则中规定，球在球拍中必须在一个弧形曲线中完成出球。规则中还规定球的运动要完整连贯，不得出现间断和二次加力，这也说明不能让球在球拍运行过程中突然加力，而只能是一个完整连贯的匀加力或匀减力过程。所以力要用在抛球圆弧的开始部分，要想使出球速度快，就要加快身体的旋转速度，这就要求我们在入球以前做好充分准备，如根据来球方向使身体反旋，拧起劲力使身体的对抗肌尽量放松，主动肌最大限度地增加初长度，加大身体的弹性势能。当球入球拍后就可以获得好的旋转初速度，在具备了速度以后，做功距离越长就会产生越大的力量，要想使做功距离加长，就要加大身体幅度，在固定圆心、保持身体平衡的前提下，最大限度地加大转动半径，这样就有效地增加了做功距离，也使整个动作舒展大方、美观自然，同时还使动作的变化空间和进攻角度大大扩展。在动作距离和速度具备以后，身体的做功效能增大，球也随之获得强大的出球惯性。除了发掘自身潜力外，还要学会借对方的来球之力，太极拳中叫借力打力，这也是柔力球的重要技术特点之一，通过圆的旋转化解对方来球之力，通过圆引导这个力与自身的力会合相加形成一个更大的力反击对方，这是柔力球也是其他太极运动用力发劲的精妙之处。动作看似柔缓但力量惊人，这些都是需要我们在训练中细心体会，掌握蓄力和发力的时机和方法，打出柔力球特有的韵律和风格。

其他注意事项

柔力球运动是一项复杂，涉及全身各关节、大幅度的全身性运动。因此在练习者开始学习时，要注意以下事项：

01

健身之前必须参加体检与机能测试，根据自身的情况选择适宜的运动类型，并要清楚地了解禁止练习的动作。

02

在运动中少做高难动作与某些容易发生危险的动作。

03

在运动中要加强自我监控，注意观察自己的主观感觉与生理、心理变化，一旦出现异常时应停止运动。

04

由于柔力球动作要求全身肌肉群参与运动，因此在每次运动前后都要做好充分的准备活动和整理活动。

03

套路，舞者的风采

柔力球套路，是目前传播较广的一种柔力球运动形式。本章将向大家介绍柔力球的基本技术动作和柔力球套路——《柔力球之歌》。

套路入门——基本动作介绍

柔力球套路练习是近些年流行起来的一种全新的表现形式，此种形式的推广和普及，一方面极大地宣传了柔力球运动表现形式的多样性，同时也得到了广大爱好者的追捧。现对套路表演中的基本动作进行介绍。

1 握拍方法（以右手正握拍为例）

正握拍：拇指和食指的第一节指腹捏住与拍面平行拍柄的两个面，其余几个手指顺势扣握，手心空出。握拍不要过紧、过死，以免影响球拍在手中的灵活性。

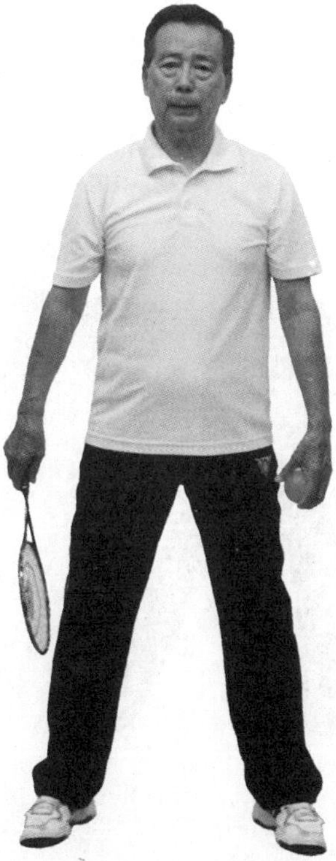

2 左右摆动

预备动作

身体正直，两腿分开，稍宽于肩，左手持球，右手握拍。

动作技术

01 左手持球将球抛至身体的右上方，右手持拍主动将球切纳入拍；

02 持拍向左摆动时，重心下沉，以球拍的左边框为先导，向下、向左沿弧形摆动至左侧位，（左边框向上），拍面与地面垂直，拍位与肩同高，拍尖向前；同时身体重心随之左移成左弓步，上身稍向左转；左臂自然向左摆至侧举；

03 向右弧形摆动，技术同上，但方向相反。

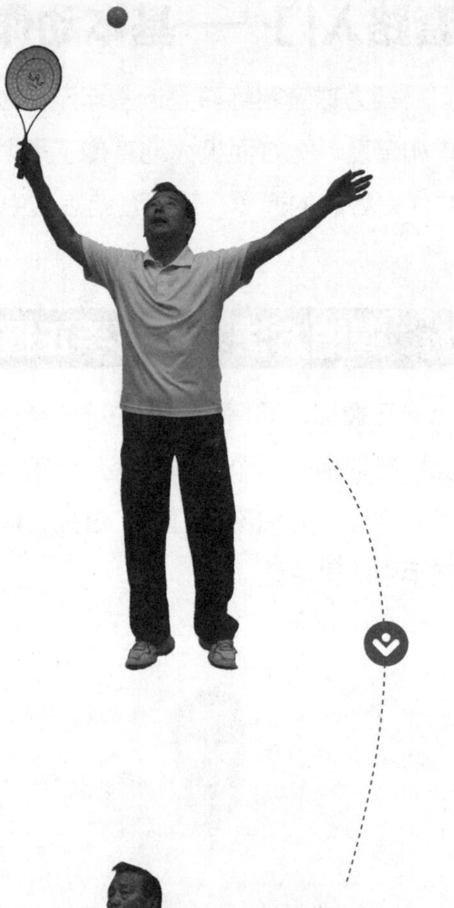

动作提示

01 摆动时，持拍臂保持微屈，以肩为轴，持拍手保持拍尖朝前（拍的纵轴线始终与地面平行）向左、右沿弧形摆动；

02 摆动时，做到身体重心下快、上慢，先沉后移；

03 左右摆动的圆弧应是一个开口向上的半圆，且左右对称、与肩同高；

04 整个动作应完整流畅，以身带球，身球合一。

3 左右绕环

●预备动作：

左、右弧形摆动（或正“8”字绕环），自右侧位开始。

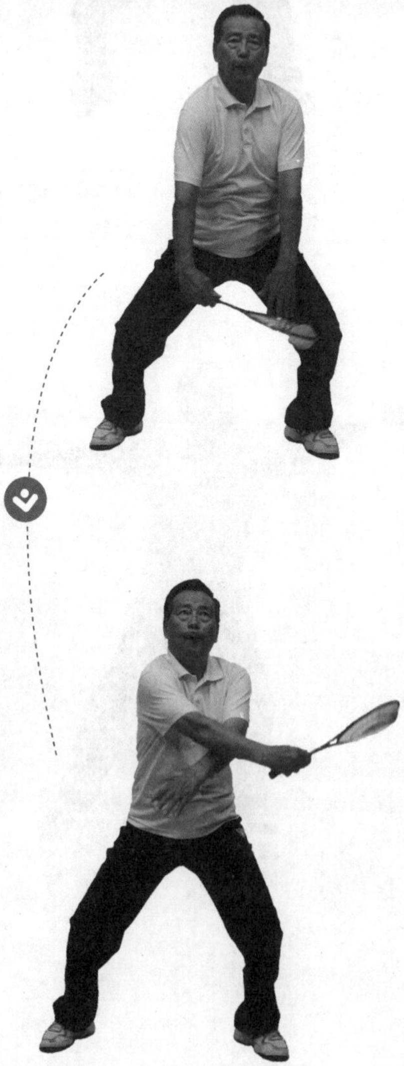

动作技术

01

由左右摆动至右侧位开始，持拍臂微屈，以肩为轴，持拍在身前沿顺时针方向，向左绕环一周，接做向左、向右的弧形摆动；

02

由左右摆动至左侧位开始，持拍臂以肩为轴，保持微屈，在身前沿逆时针，向右绕环一周，接做向右、向左的弧形摆动。

动作提示

01

向上绕环时，蹬腿带腰，向上发力绕环，向下绕环时，身体下沉，自然放松；

02

绕环时，要求身体中正，绕环要正，动作要完整、圆润、流畅。

4 “8”字绕环

正“8”字

预备动作

左、右弧形摆动，自右侧位开始。

动作技术

1

持拍臂微屈，以肩为轴，经由右后、右下，沿顺时针方向由身体右侧向前上绕环至身前左上方；

2

接着继续经由左后、左下，沿逆时针方向从身体左侧向前上绕环至身前右上方。然后向右后绕环至右后位，完成一个封闭的，经身体两侧向前的“8”字绕环动作。

动作提示

1

绕环时，持拍臂微屈，以肩为轴做从身体右侧至左侧，向前的“8”字绕环；

2

向上绕环时，蹬腿带腰，向上发力，向下绕环时，下沉放松，做到下快上慢；

3

绕环时做到以身带球，身球合一，圆润流畅，行如流水。

预备动作

左、右弧形摆动，自右侧位开始。

反“8”字

动作技术

1

持拍臂微屈，以肩为轴，由右上、经左前，接向后下（拍尖向下），沿顺时针方向由身体左侧向上绕环至身体右前上方；

2

接着，持拍直臂（拍的右边框朝下），向后下、向下，沿身体右侧，以逆时针方向向前上绕环至左前上方（带球拍面向后，拍尖向左下）。完成一个封闭的，经身体两侧，向后的“8”字绕环动作。

动作提示

1. 绕环时，持拍臂微屈，以肩为轴，完成经身体左、右两侧，向后的“8”字绕环；
2. 向上绕环时，蹬腿带腰，向上发力；向下绕环时，重心下沉，身体放松，做到下快上慢；
3. 绕环时做到以身带球、身球合一、圆润流畅、行如流水。

5 左右平旋

预备动作

由左、右摆动（或正"8"绕环），自右侧位开始。

动作技术

1

向左旋转时，两臂微屈，侧平举抱圆，右臂持拍至右侧位，拍尖朝上；

2

左脚外摆，并以左脚为轴，以腰臂带动，即向左旋转360°，向左平旋，同时，两臂保持水平，拍尖向上；旋转至右侧位时，接向左、右弧形摆动；

接上页动作技术

3

向右旋转时，两臂微屈，侧平举抱圆，右臂持拍至左侧位，拍尖朝上；

4

右脚外摆，并以右脚为轴，以腰臂带动，向右旋转 360°，向右平旋，同时，两臂保持水平，拍尖向上；旋转至左侧位时，接向右、左弧形摆动。

动作提示

❶

旋转时，身体保持中正，主力腿（即支撑腿）稍弯曲，蹬腿、带腰、带臂完成旋转；

❷

在旋转过程中，保持正确的拍形拍位，重心平稳，动作连贯、流畅，一气呵成。

6 左右立旋

预备动作

由左、右摆动（或正“8”字绕环），自右侧位开始。

动作技术

01

向左立旋时，持拍臂伸直至右侧位，拍尖朝右上，左臂伸直侧举；

02

左脚外摆，并以左脚为轴，以腰臂带动，向左旋转 360°；同时，持拍臂从右向下，沿顺时针方向经体前向左绕立圆至右侧位，接向左、右弧形摆动；

03

向右立旋时，持拍臂伸直至左侧位，拍尖朝左上，左臂伸直侧举；

04

右脚外摆，并以右脚为轴，以腰臂带动，向右旋转 360°；同时，持拍臂从左向下，沿逆时针方向经体前 向右绕立圆至左侧位，接做向右、左的弧形摆动。

动作提示

01

旋转时，身体保持中正，主力腿（即支撑腿）稍弯曲，蹬腿、带腰、带臂完成立旋；

02

在旋转的过程中，保持直臂，拍尖朝外，要经头上画立圆，方向要正，两臂尽量在一条直线上。

7 左（右）摆翻

预备动作

左、右弧形摆动（或正”8”字绕环），自右侧位开始。

动作技术

向左（右）弧形摆动接近极点时，利用手指捻动，顺势将球拍向左（右）翻转 360°，接向右（左）的弧形摆动。

动作提示

01 左（右）弧形摆动技术要正确；

02 翻拍时，用力要协调，圆滑流畅，做到球不离拍，拍不离球，拍尖朝前，左右对称。

8 左（右）绕翻

预备动作

左、右弧形摆动（或正“8”字绕环），自左侧位开始。

动作技术

在向右（左）逆（顺）时针绕环的过程中，当向右（左）上绕环时，利用手指捻动，顺势将球拍向右（左）翻转360°；接向左（右）的弧形摆动；也可以连续做向右（左）绕翻。

动作技术

01

绕翻时，保持拍尖朝前，利用身体的整体力量，快速下沉，向上发力，带动绕翻；

接上页动作技术

02

翻拍时，做到在绕中翻，在翻中绕，圆不缺，环不断。

9 头上绕翻

预备动作

正“8”字绕环，自右侧位开始。

动作技术

直臂持拍上举，拍尖向上，以腰带臂，由右向左，按逆时针方向做水平绕环，同时捻拍翻转 360°；此动作可以连续完成多次。

动作技术

01

绕翻时，保持直摆上举，拍尖向上，以腰带臂，整体发力；

02

翻拍时，做到在绕中翻，在翻中绕，圆不缺，环不断，做到球、拍粘连黏随。

10 左（右）抛接

预备动作

左、右弧形摆动，自右侧位开始

动作技术

01

左右弧形摆动时，主动向下沉摆，当向左（右）弧形摆动至左（右）侧接近极点时（略高于肩），顺摆动圆弧的切线方向，将球向上抛出；

02

然后主动挥拍迎球，将球切纳入拍，接着带球向右（左）做弧形摆动；

03

左右抛接动作相同，方向相反。

动作提示

01

左（右）弧形摆动技术要规范，拍尖向前，左右对称；

02

抛球时，应借摆动的惯性，蹬腿带腰，整体用力，做到一个流畅的弧，一个完整的力；

03

抛接球时，必须立拍抛球，出球边框与抛球的方向应一致，做到切线出，切线入。

11 正手/反手抛接

预备动作

左、右弧形摆动（或正“8”字绕环），自右侧位开始。

正手抛接

动作技术

持拍带球，由右向左做弧形摆动至左侧上方，同时，蹬腿发力，将球沿摆动弧的切线方向，向右侧上方抛出；主动挥拍至右侧上方迎球，将球切纳入拍，接着带球向左弧形摆动。

动作提示

01 抛球时间应在向左弧形摆动至左侧上方约 45° 位置；

02 左、右摆动主动屈膝下沉，利用向上蹬腿带腰、带臂的整力，将球抛出；

03 抛球时，必须立拍抛球，出球边框与抛球的方向要一致。

反手抛接

预备动作

左右弧形摆动（或正“8”字绕环），自左侧位开由始。

动作技术

持拍带球，由左向右弧形摆动至右侧上方，同时，蹬腿发力，带球沿摆动弧的切线方向，向左侧上方抛出；主动挥拍至左侧上方迎球，将球切纳入拍，接着带球向右弧形摆动。

动作提示

01 抛球时间应在向右弧形摆动至右侧上方约 45° 位置；

02 左、右摆动应主动屈膝下沉，利用向上蹬腿带腰、带臂的整力，将球抛出；

03 抛球时，必须立拍抛球，出球边框与抛球的方向要一致。

12 身后抛球

预备动作

左右弧形摆动（或正“8”字绕环），自左侧位开始。

动作技术

正面

01

持拍带球，沿顺时针，从右、后水平绕弧至身体右后，同时，蹬腿发力，带球沿摆动弧的切线方向，将球抛至左侧上方；

02

主动挥拍至左侧上方迎球，从球拍的右边框，将球切纳入拍，接着带球向右做弧形摆动。

侧面

动作提示

01

从摆动变为向水平弧形绕环时，持拍臂及腰，带转要协调；

02

抛球时，利用向上蹬腿、转体、带腰、带臂的协调运力，将球抛出；

03

抛球时，必须立拍抛球，从拍的左边框出球，左边框与抛球的方向一致。

套路学习——《柔力球之歌》

自 2002 年中国老年人体育协会（简称老体协）推出第一套柔力球规定套路以来，老体协就一直本着引领老年人快乐健身，增强体质，提高老年人“生存、生活、生命”质量这一宗旨，在连续推出 6 套规定套路之后，为满足柔力球爱好者对掌握规范技术的需求，特别是减少众多入门者对难度学习的畏惧感，由老体协柔力球专委会牵头，成立了以彭永凤老师为主的创编组，于 2012 年 5 月在四川省成都市隆重推出了第七套规定套路——《柔力球之歌》。《柔力球之歌》一经问世，不仅受到了广大老年人群体的喜爱，而且得到了各界柔力球爱好者的认可，在短短一年的时间里，就风靡了大江南北。

《柔力球之歌》整体动作舒展、优美，在技术细节上很好地融入了“迎、引、抛”等技术，完美地体现出“环环相扣、势势相连”的运动理念，特别是对于初学者在平时练习中易犯错的技术，给予了重点展示。通过此套练习，可以让广大的柔力球爱好者更快掌握正确的技术动作，并能在现有基础上，有效地提升动作质量。

以下是本规定套路技术讲解的主要内容：

第一小节：起式抛转（2x8+2 拍）

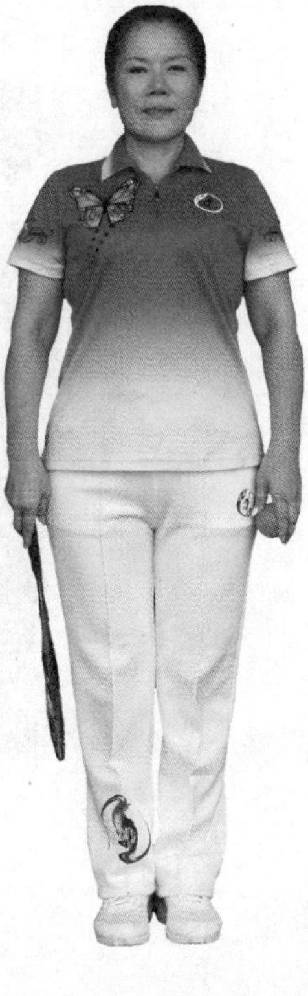

预 备 姿 势

第一个八拍

1~4 拍

左手持球由左上方抛至右前上方接球，同时左、右脚向正前上步，持拍臂做“8”字绕环。

第 5 拍

左脚正前方上步抛球。

第 6 拍

接球后右脚落步，转体180°。

第 7 拍

左脚上步抛球。

第 8 拍

接球转体180°。

第二个八拍

重复第一个 8 拍 1~7 拍动作。

第 8 拍

接球右脚落步转体 540°，左脚横步，右脚撤步。

9~10 拍

持拍臂体前接反绕翻。

加 2 拍

9~10 拍，接球转体 540°，左脚横步，右脚撤步。持拍臂体前反绕翻。

第二小节："8"字连绕（4x8+4 拍）

第一个八拍

1~2 拍

原地"8"字绕环。

3~4 拍

持拍臂反"8"字上步。

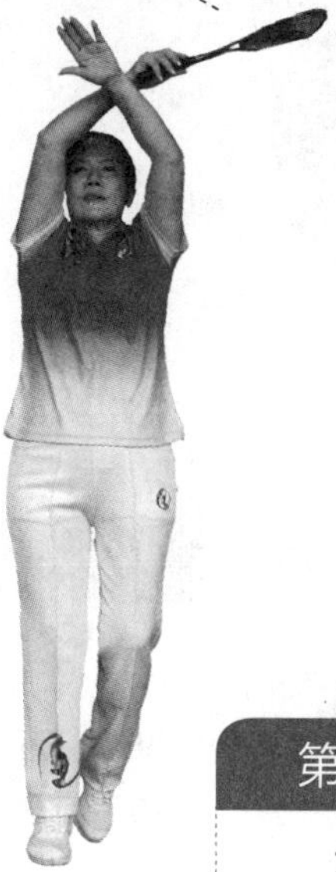

第 5 拍

左右上步持拍臂做头上绕翻

第 6 拍

左脚横上步成左弓步，持拍臂至体前。

7~8 拍

持拍臂接头上反绕翻，左脚后插。

第二个八拍

1~2 拍

左转 270°左手后背重心移至左脚，持拍臂头于上绕翻；持拍臂左侧接外摆翻。

3~4 拍

右脚横上步，转体360°，右脚后撤重心至右脚，双臂两侧打开。

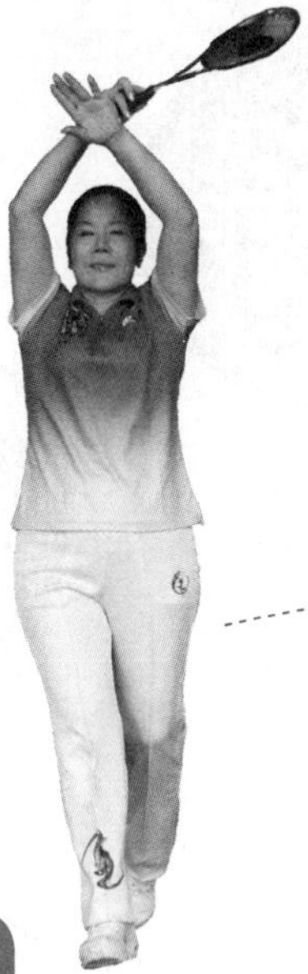

第 5 拍

左右左上步持拍臂头上绕翻。

第 6 拍

持拍臂经体前至左侧左上方，右腿后抬。

7~8 拍

右脚落步，左右脚退步，持拍臂接反绕翻。

第三个八拍

1~8 拍

重复第 1 个 8 拍的动作。

第四个八拍

1~4 拍

重复第 2 个 8 拍的 1~4 拍动作。

第 5 拍

左脚向右侧 45° 方向上步持拍臂头上绕翻。

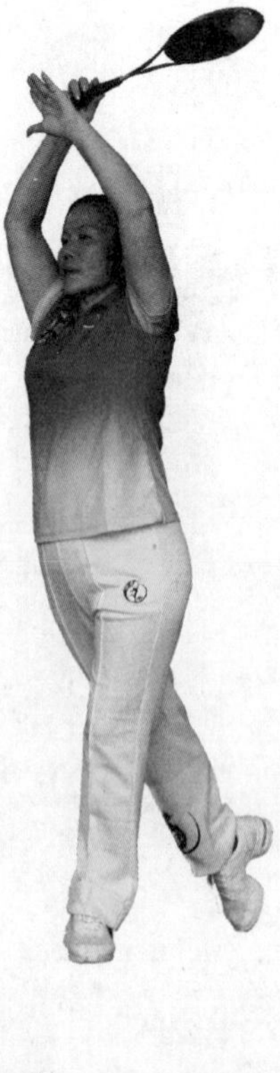

第 6 拍

右脚上步向左转体 45°，持拍臂体前正绕翻。

第 7 拍

左腿后抬，持拍臂拍尖向下绕翻。

第 8 拍

左脚右后 45° 落步，向左转体 360°。

加 4 拍

持拍臂经体前拉起至右上方，左脚外摆右脚并步向左转体720°接体前正绕翻。

第三小节：缠旋绕翻（4x8+4 拍）

第一个八拍

第 1 拍

左脚上步，右腿后抬，持拍臂抛球。

第 2 拍

接球同时右脚落步，左脚并步，持拍臂反绕翻，拍尖向下。

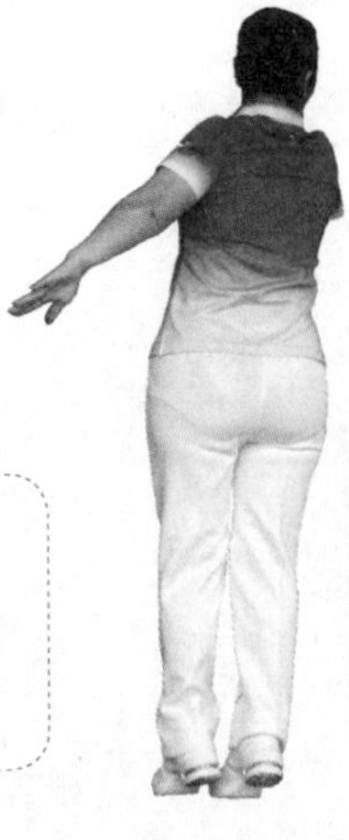

第 3 拍

右脚横开步上左脚，转体 180°。

第 4 拍

右脚后撤体转 180°，右脚收至左脚旁，持拍臂经体前穿至左侧。

5~6 拍

右脚外摆左脚并步转体 360°；右脚外摆上步转体 180°，持拍臂缠头。

7~8 拍

左脚上步，向右转腰持拍臂经右侧至左上方；右腿后抬，持拍臂摆翻。

第二个八拍

1~2 拍

右脚落步，左脚后插，持拍臂反绕翻，拍尖向下接一个绕翻。

第 3 拍

双手向下抱圆，向左转 180°；

4~5 拍

上右脚转体 180°，左脚后撤持拍臂缠头。

第 6 拍

向左转体 180°，拍尖向下由左侧经体前向右接一个绕翻。

7~8 拍

右脚上步转体 180°，持拍臂体前拉起接一个正绕翻。

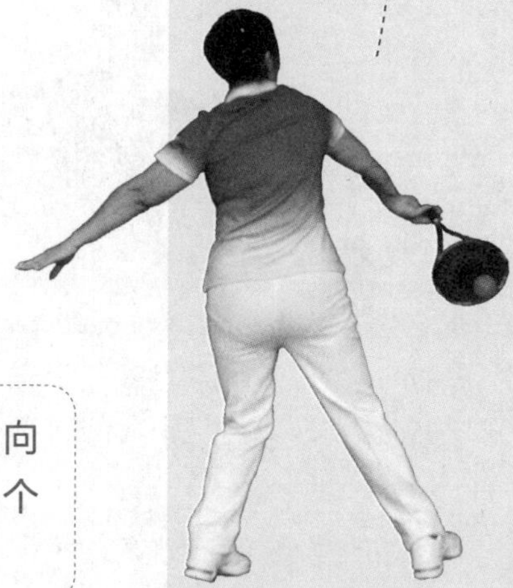

第三个八拍

1~8 拍　同第 1 个 8 拍的动作，动作相同，方向相反。

第四个八拍

第 1 拍　右脚落步左脚后插、左手前举持拍臂拍尖向下接绕翻。

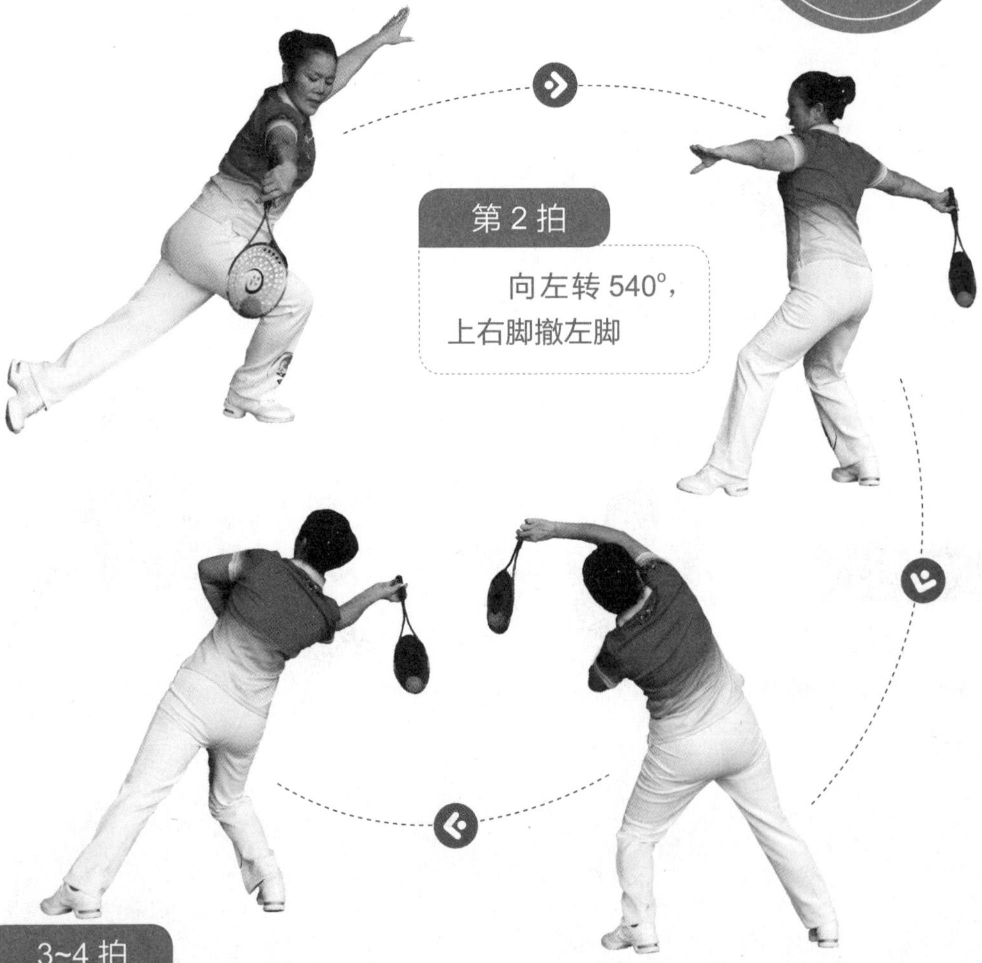

第 2 拍

向左转 540°，上右脚撤左脚

3~4 拍

重心移至左腿成左弓步，持拍臂以腰为轴缠头，重心移至右侧，成右弓步接体前 1 个绕翻。

5~6 拍

左右左右上步，双手下抱圆向左转体 540°。

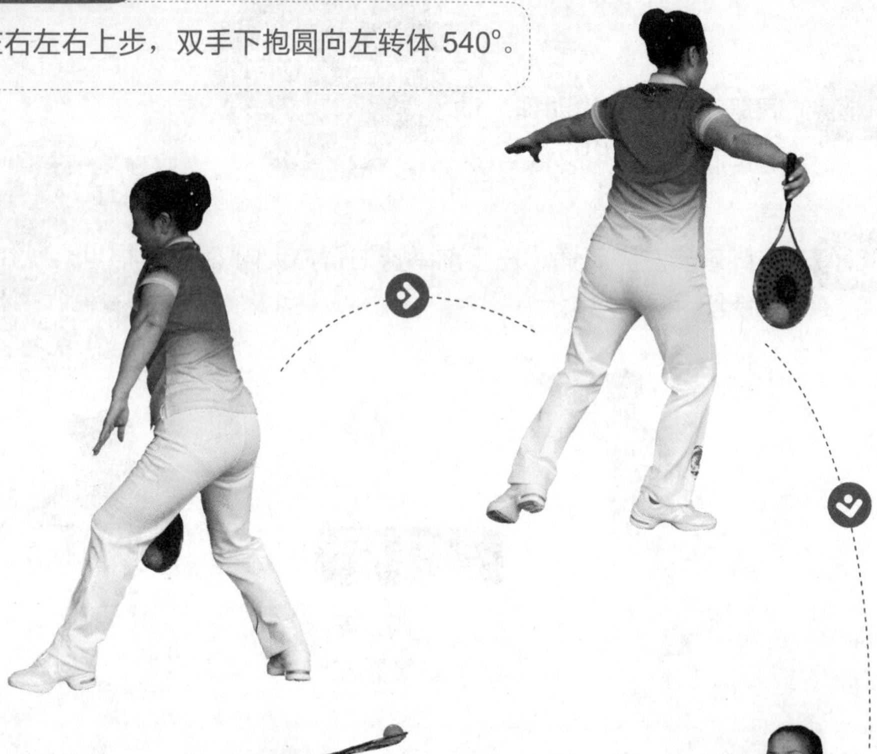

7~8 拍

持拍臂体前拉至右上方接正绕翻。

加 4 拍

第 1 拍

左脚外摆上步，上抱圆，单脚向左转 360°。

第 2 拍

右脚落步、体前正绕翻。

第 3 拍

左腿向后45°抬腿，持拍臂右侧前接盘绕。

第 4 拍

左脚并步，持拍臂向左 45° 拉起、左臂斜上举。

第四小节：四方环绕（2x8+2 拍）

第 1 拍

左手伸出 45°，左右左垫步上，持拍臂左前摆翻。

第一个八拍

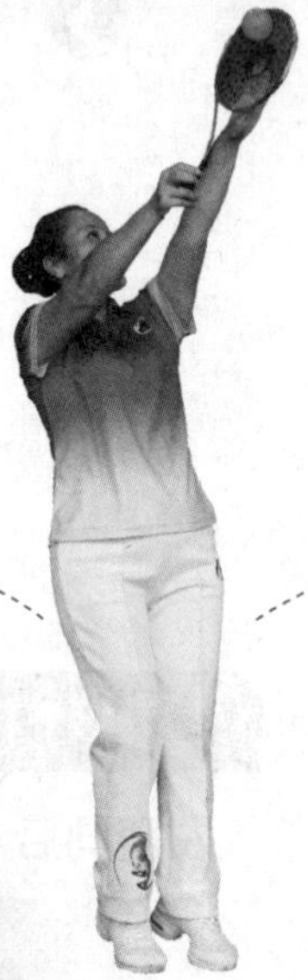

第 2 拍

右脚后撤步，左脚后插步，左手后背，持拍臂拉至右侧拍尖向下绕翻。

3~4 拍

左脚向 45° 方向上步，单脚向左转体 270°，右脚并步，持拍臂同时与左臂向后拉起。

5~8 拍

同 1~4 拍动作，动作相同，方向相反。

第二个八拍

1~8 拍 同第 1 个 8 拍的动作，动作相同，方向相反。

加 2 拍

双手上抱圆，左脚外摆上步，单脚向左转体 360°，持拍臂接头上绕翻。

第五小节：前后绕翻（4x8+4 拍）

第一个八拍

1~2 拍

原地右左“8”字绕环。

3~4 拍

左脚横步，右脚并步，持拍臂体前绕翻，左脚开步，右腿侧后抬，持拍臂左侧上方摆翻。

第 5 拍

右脚落步，左脚并步，持拍臂接反绕翻；

第 6 拍

右脚外摆上步，单脚向右转体 360°。

7~8 拍

左右上步左脚后抬，左手斜上举，持拍臂右侧接反绕翻。

第二个八拍

第 1 拍

左脚上步向左转体90°，持拍臂反“8”字绕环。

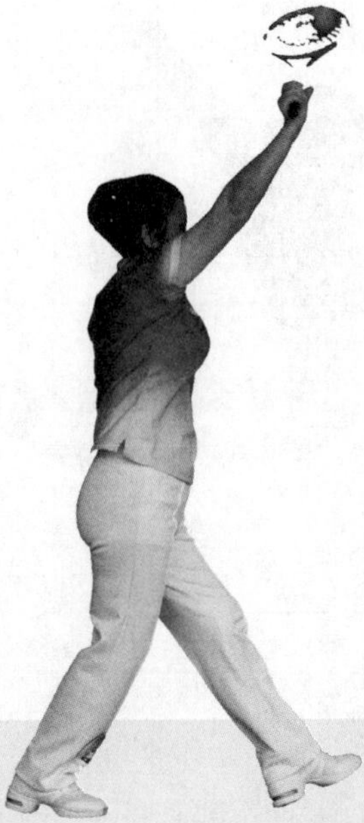

第 2 拍

右脚上步向右转体 90°，持拍臂至右后侧接盘绕。

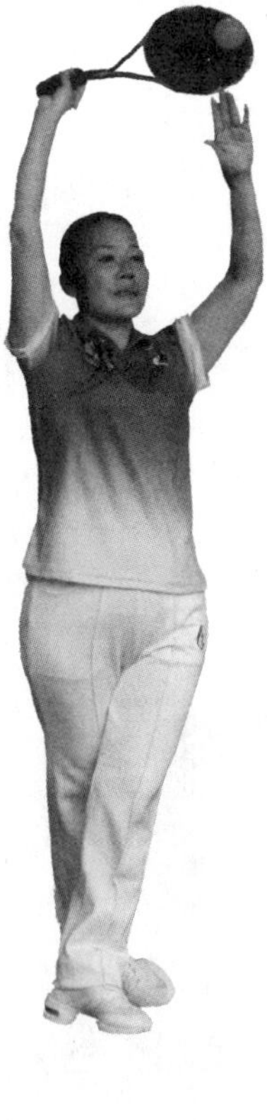

3~4 拍

向左转体 270°，持拍臂体前拉起穿至左侧。

5~6 拍

右脚外摆左右上步转体 450°。

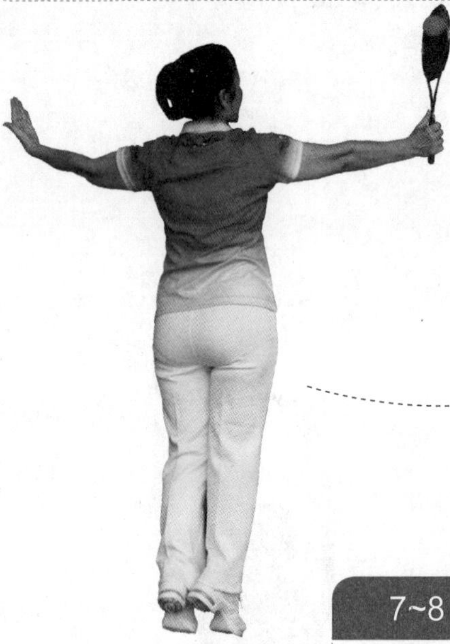

7~8 拍

左脚上步右脚向后插步，持拍臂接两个正绕翻。

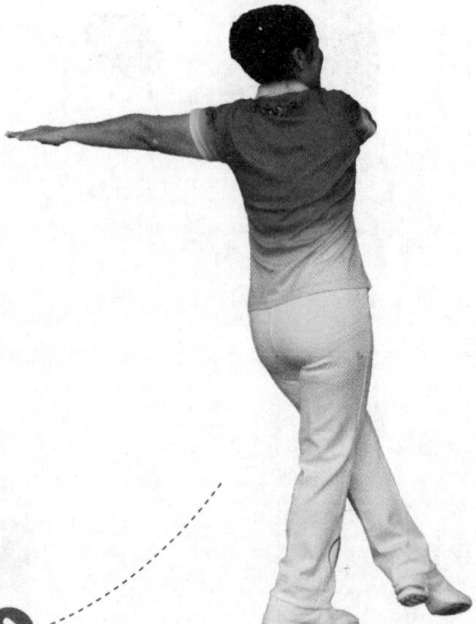

第三个八拍

1~8 拍

同第二个 8 拍 1~4 拍动作，动作相同，方向相反。

第四个八拍

1~4 拍

同第二个 8 拍 1~4 拍。

6~7 拍

右脚外摆左脚并步转体 360°，同时右脚活步，持拍臂身后接盘绕。

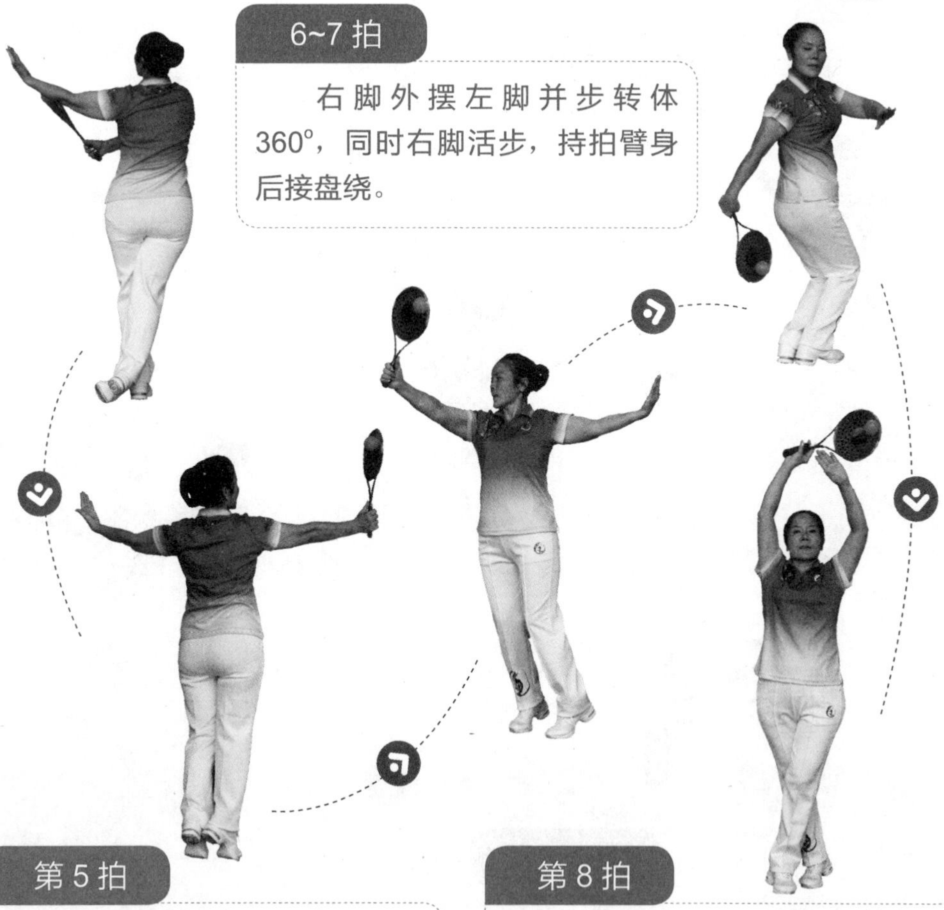

第 5 拍

右脚外摆，左脚并步转体 360°。

第 8 拍

向左转体 180°，持拍臂体前拉起。

加 4 拍

1~2 拍

左右上步，持拍臂体前绕翻；左脚横步，右脚收至左脚旁，持拍臂从右侧经体前至左侧。

第 3 拍

右脚外摆单脚向右转体 360°。

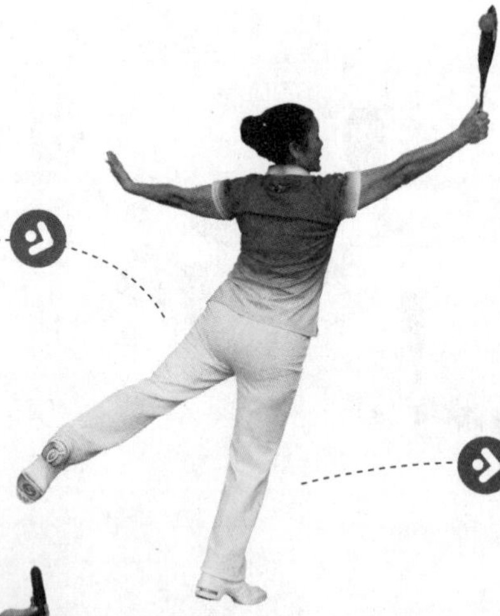

第 4 拍

左脚横开步，持拍臂拍尖向下由右侧经体前至左侧。

第六小节：旋绕背抛（4x8+4 拍）

第一个八拍

1~2 拍

右脚外摆上步，单脚向右旋 360°，左腿后抬，持拍臂缠头至左侧。

3~4 拍

左脚落步成左弓步，持拍臂拍尖向下从左向右画圆，重心移至右脚，左腿侧后抬，持拍臂身后抛球至右前上方。

第 5 拍

左脚向右后 45° 方向落步，持拍臂接球向左转体 360°。

第 6 拍

持拍臂体前绕翻。

第 7 拍

左脚向后 45° 方向撤步，右脚跟步，持拍臂摆翻。

第 8 拍

右脚后撤步，左脚向正后方并步，持拍臂拉至右侧。

第二个八拍

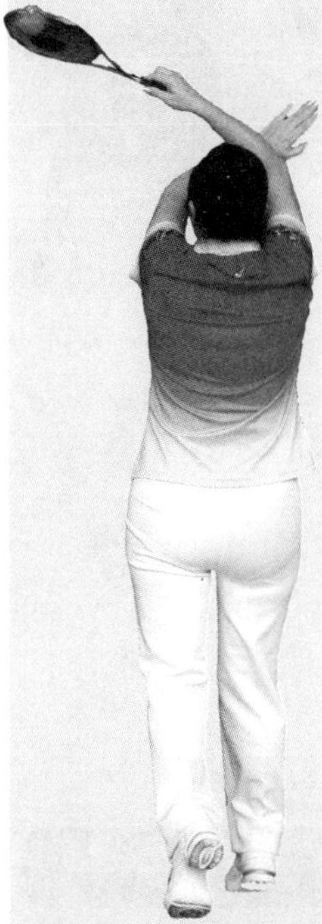

1~2 拍

左右左上步，持拍臂头上绕翻；上左脚向右转体 90°，持拍臂体前正绕翻，接头上翻拍。

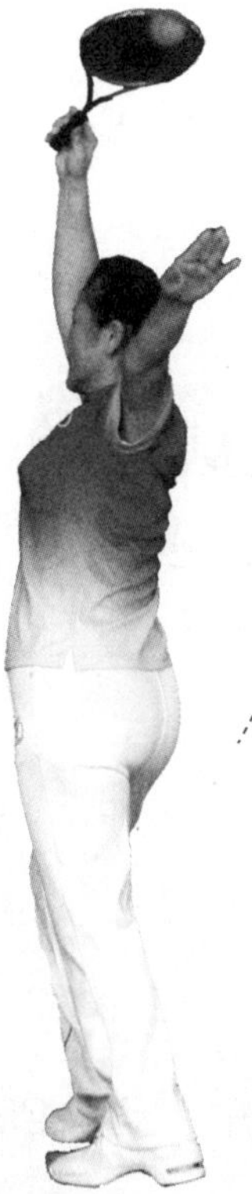

第 3 拍

右左上步向右转体 360°。

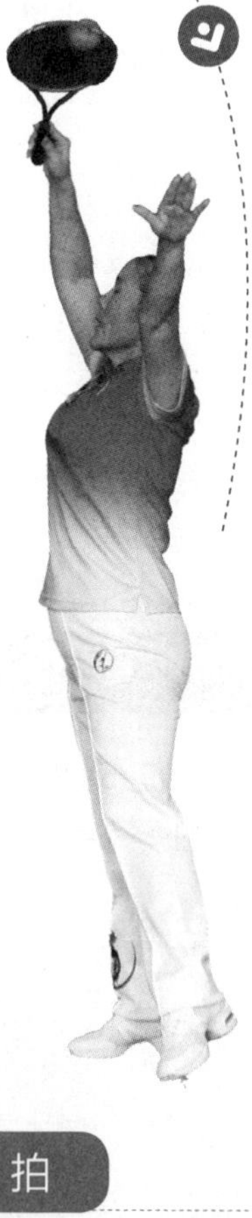

第 4 拍

右脚后撤，持拍臂体前正绕翻。

5~6拍

左右脚上步，持拍臂做“8”字绕环。

第7拍

左右垫步，持拍臂接正绕翻。

第8拍

左脚横开步，右脚收至左脚旁，持拍臂拍尖向下由右至左侧。

第三个八拍

1~8拍

同第1个8拍的动作，动作相同，方向相反。

第四个八拍

1~2 拍

左右上步，持拍臂反“8”字绕环。

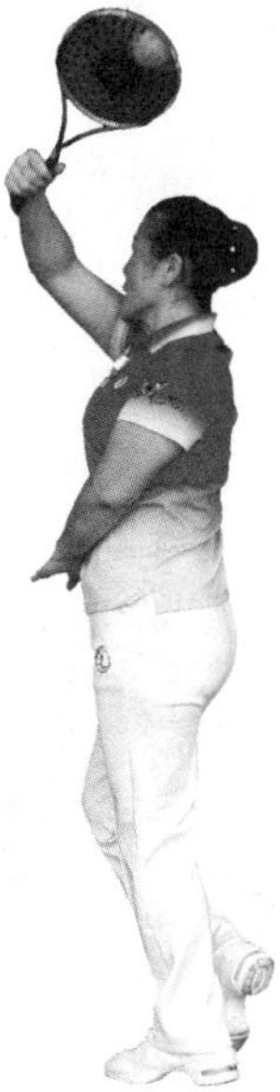

第 3 拍

左右上步，持拍臂头上绕翻。

第 4 拍

左脚上步，单脚向左转体 180°，左脚并步成双脚立起，持拍臂头上绕翻。

5~6拍

左右上步，持拍臂“8”字绕环。

7~8拍

左右上步，持拍臂反“8”字绕环。

1~4 拍

双手上抱圆，左右左横上步，向左转体 540°，持拍臂接两个正绕翻。

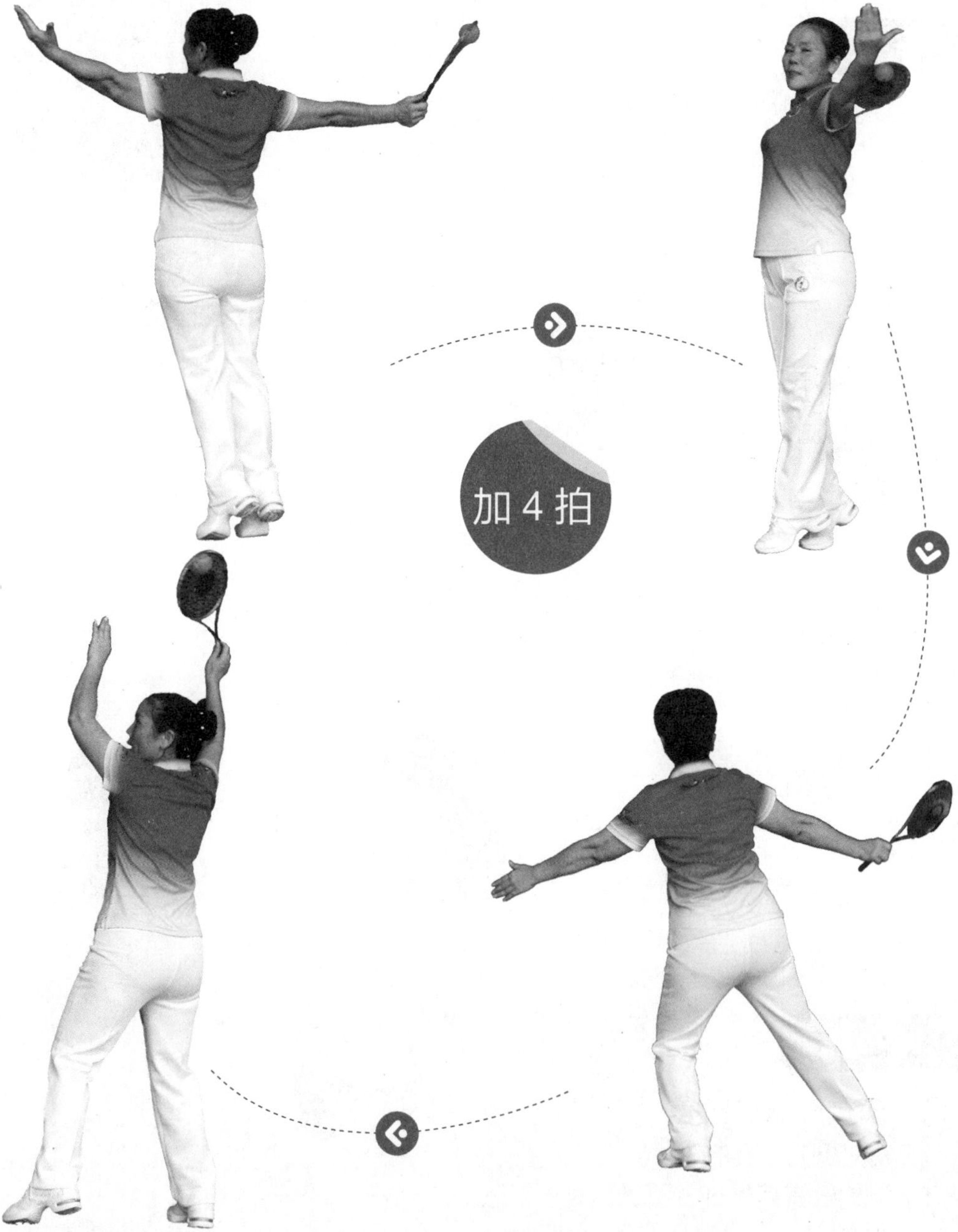

第七节：旋绕扣接（4x8+4 拍）

第一个八拍

1~2 拍

持拍臂抛球，右腿侧后抬；接球右脚落步，左脚并步，持拍臂接反绕翻。

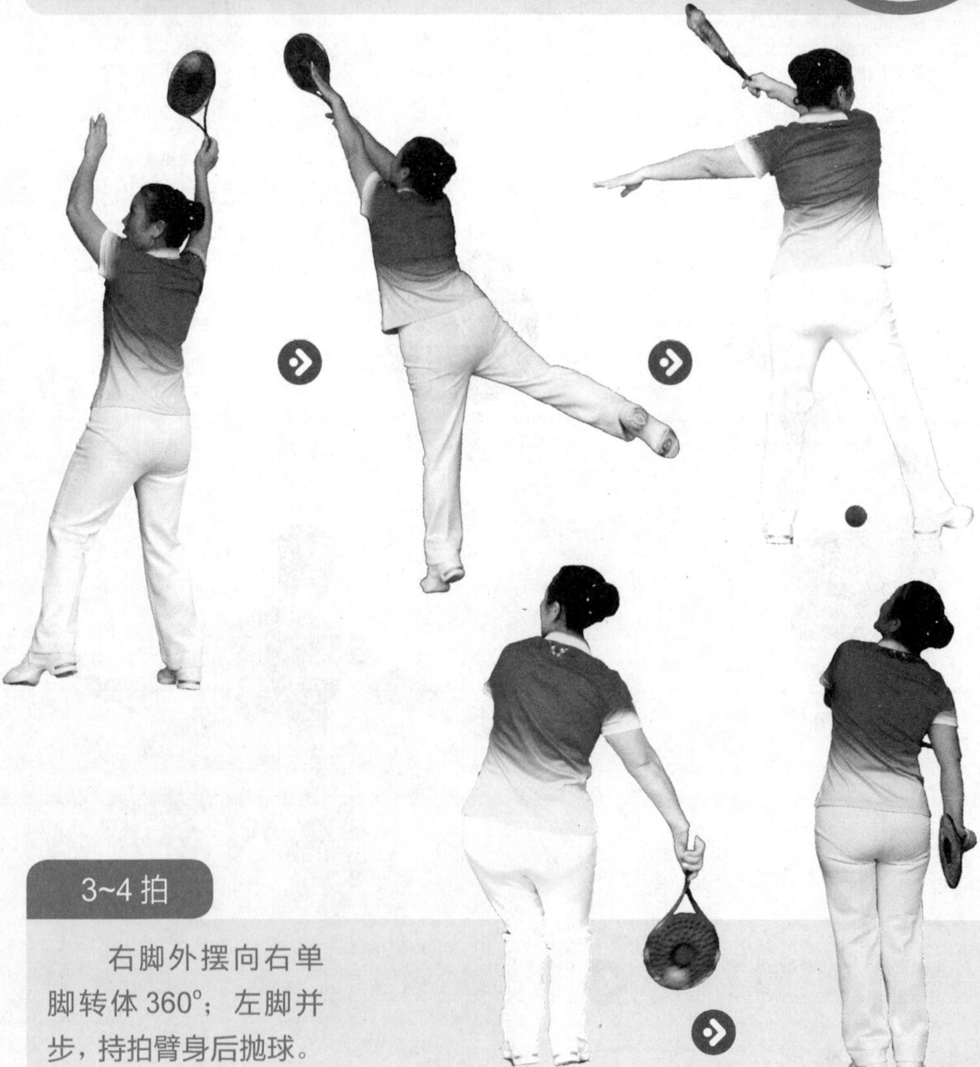

3~4 拍

右脚外摆向右单脚转体 360°；左脚并步，持拍臂身后抛球。

第 5 拍

持拍臂扣接球，右脚外摆上左脚向右转体 360°。

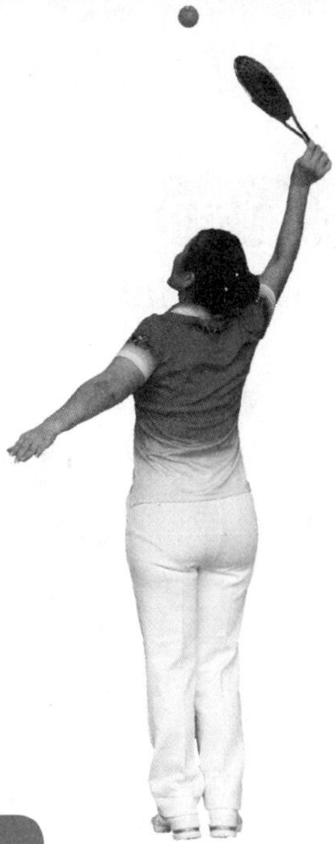

7~8 拍

右脚后撤，持拍臂由右侧向后接反绕翻，重心至右脚。

第 6 拍

右脚外摆上左脚向右转体 270°。

第二个八拍

第1拍

上左脚头上绕翻。

2~3拍

右左上步，向左转体90°，持拍臂反“8”字绕环至右后侧。

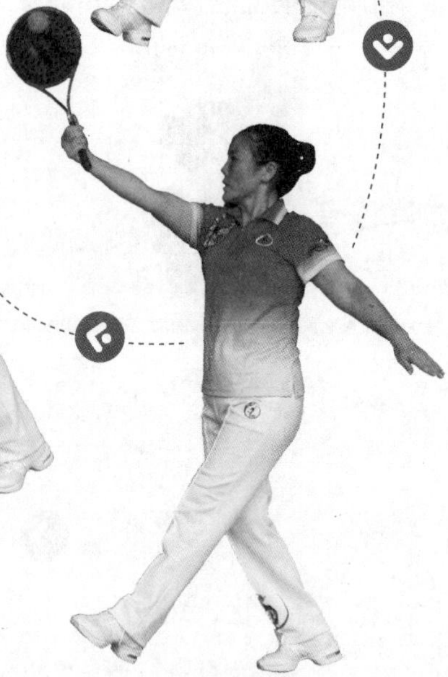

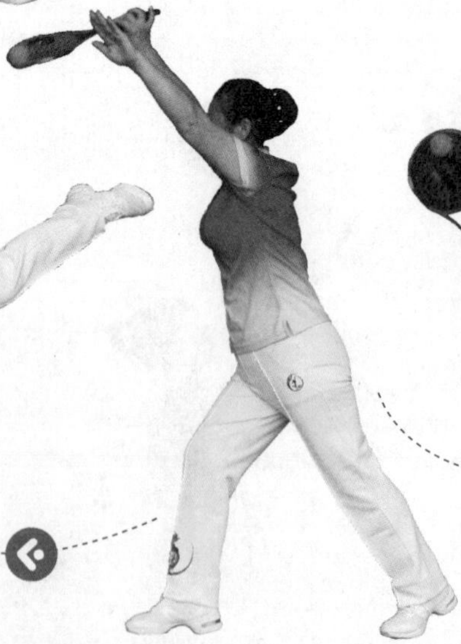

第4拍

上右脚左腿后抬，持拍臂扣穿至后侧摆翻。

第 5 拍

持拍臂由上向下拉起至右侧上方。

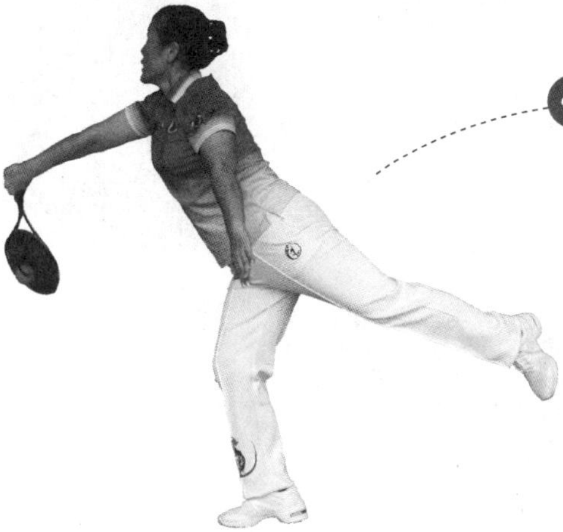

第 6 拍

左脚上步成左弓步，持拍臂经体前穿至左上方。

7~8 拍

持拍臂头上反绕翻转体 180°。

第三个八拍

1~8 拍

同第 1 个 8 拍的动作，动作相同，方向相反。

第四个八拍

1~2 拍

上左脚头上绕翻。上右脚，右转 90°，持拍臂接右画圆。

3~4 拍

左脚外摆上步，踢右腿转体 180°，持拍臂从上往下画圆接反绕翻，右腿后抬，双手侧平举。

5~6 拍

右脚上步，持拍臂接做头上绕翻，向右转体 90°。持拍臂于右侧画圆，上左脚转体 180°。

7~8 拍

右脚横开步，左脚并步，右脚开步左腿侧后抬，持拍臂反绕翻抛球。

1~2 拍

接球左脚落步。右脚并步，左脚开步，持拍臂接体前正绕翻。

加 4 拍

3~4 拍

左脚外摆向左转体 360°，持拍臂左侧摆翻拉至右侧。

第八小节：绕翻收式：（2x8 拍）

第一个八拍

1~2 拍

原地右左“8”字绕环。

3~4 拍

持拍臂体前正绕翻至左前方，接摆翻。

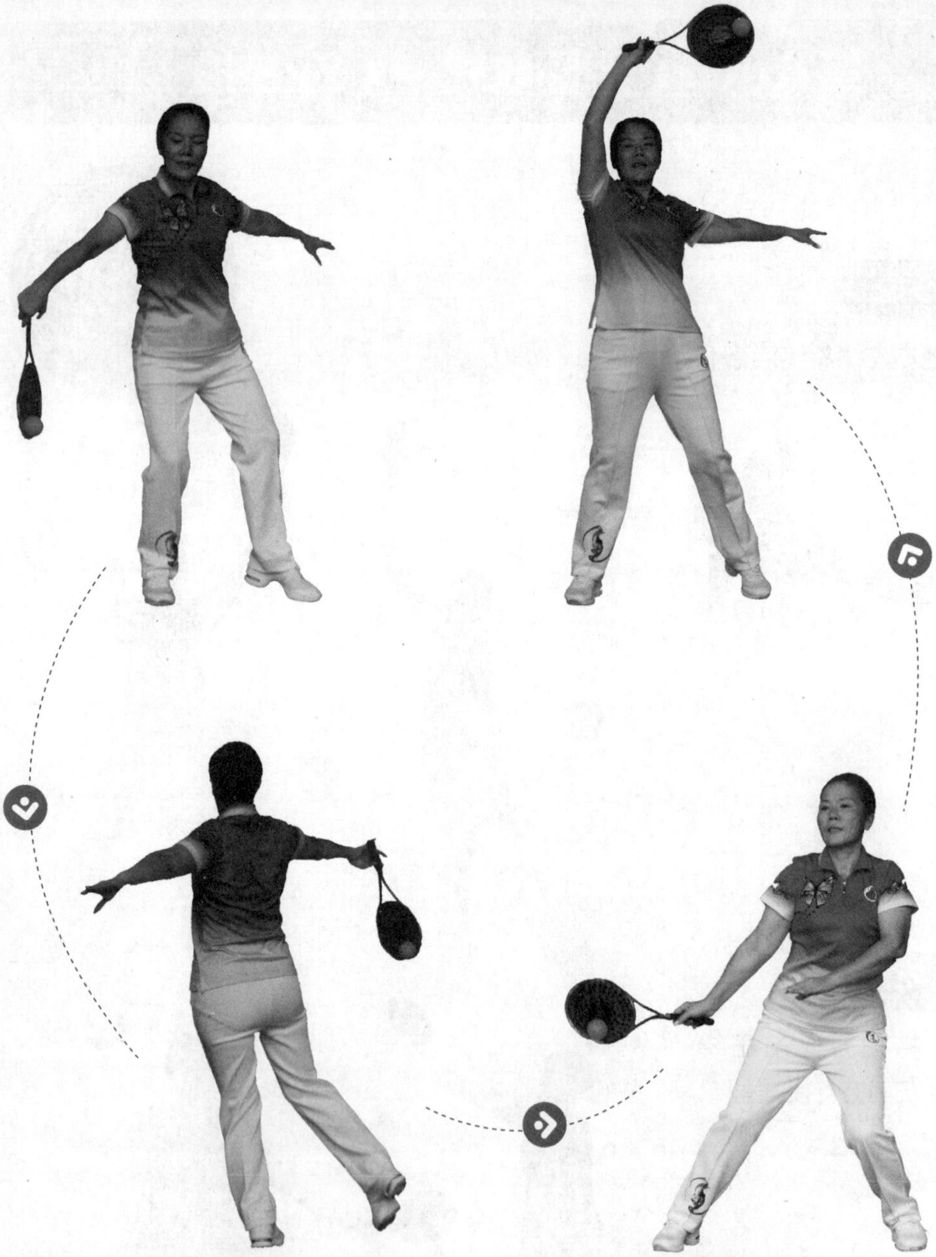

5~6 拍

持拍臂拉至右侧，左脚外摆向左转体 360°。

7~8 拍

持拍臂体前拉起接正绕翻。

第二个八拍

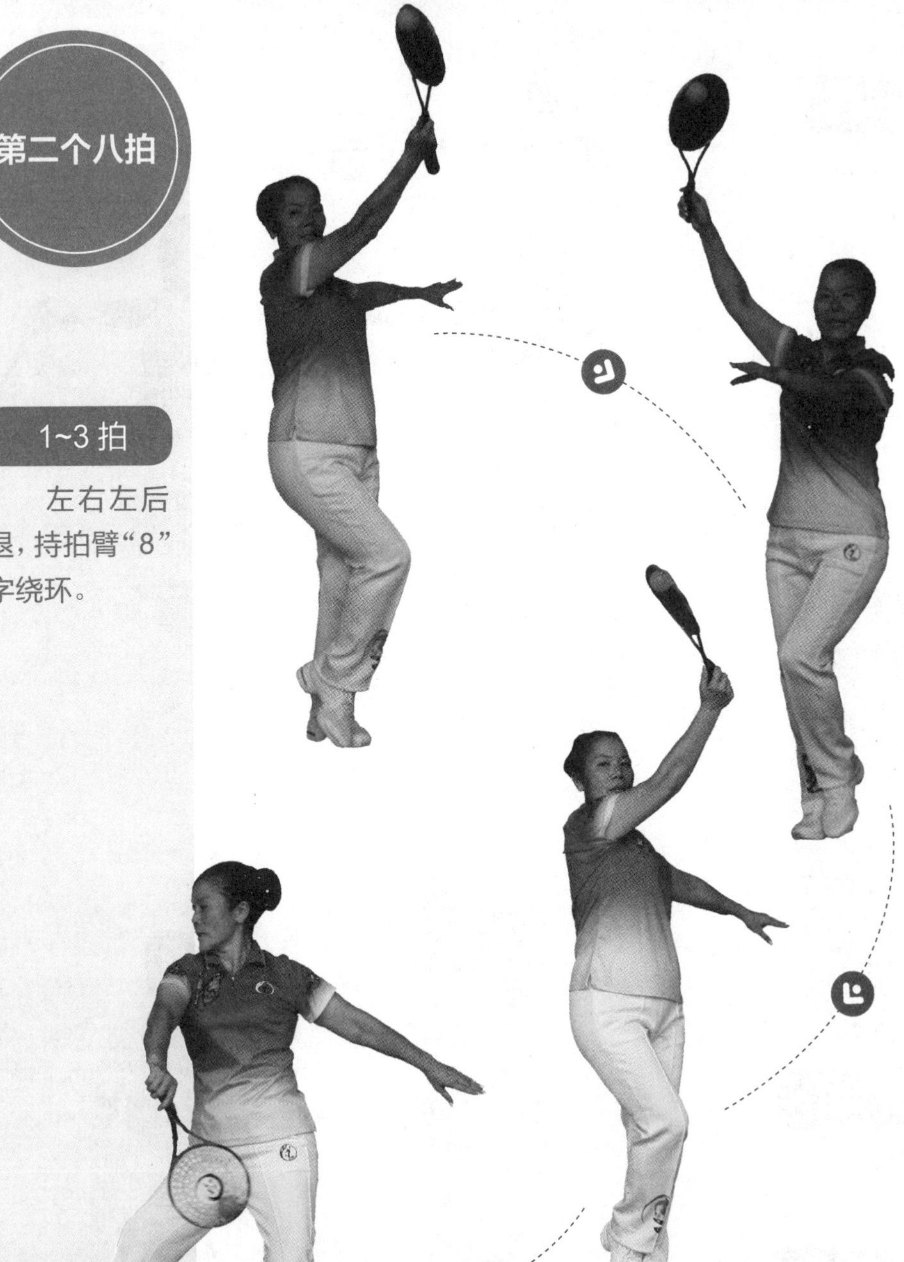

1~3 拍

左右左后退，持拍臂“8”字绕环。

第 4 拍

拍尖向下，右脚外摆向右转体 360°。

5~6 拍

持拍臂做正绕翻。

第 7 拍

抛球。

第 8 拍

接球同时收左脚成立正站立。

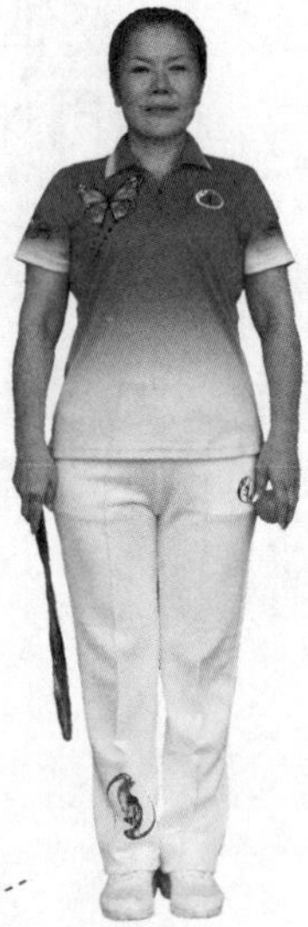

高手进阶——套路练习技巧

柔力球的套路练习与太极拳的一些特点要求非常相似，要求全身放松、神志入静、立身中正、上下相随、虚实分明、柔中有刚、刚柔相济。它的用力特点是：其根在脚，力发于腿，主宰于腰，并行于手指，达于球拍。它是完整一体的劲力，动作中较多使用缠丝劲、拔丝劲、螺旋劲、“拉长”劲，用意念主导形体，刚柔、快慢相间而动。在进行缠绕旋转的动作中一定要做到不断、不折、不缺，把松、柔、圆、匀贯彻始终、要遵循关节的连续性，调动每一个关节的肌肉收缩、舒张，使动作圆润柔和、飘逸流畅，如行云流水。在做动作时也要牢记动静法于自然，不可过多地人为做作，要顺势而行、意到行到、巧妙含蓄地进行动作连接。在整个套路中做到不断、不滞、不留痕迹，不拘泥于模式顺序，即兴地创编，随意自然地进行演练。即兴就意味着是随机创编。这就要求有娴熟的基本功做保障，只有基本功扎实过硬，才能将自己融入音乐中，创编出优美精彩的自选套路。

在练习柔力球套路时，主旨和运动的风格是相同的，但形式和表达方法是各有特点千人千面。我们套路练习就像写字一样，先拓字后临摹，通过这些长期的基本训练掌握了正确的字形、字体，然后再逐渐形成自己的特色，最后达到随心所欲，下笔如神，神形兼备。我们练习规定套路就是进行最基本的动作单元的形体训练，在每个动作单元熟练以后，就可以为自由发挥和创造打下基础，进入自己的自由发挥阶段。在自选套路的演练中，要根据自身的条件，巧妙自然地编排动作，最大限度地发挥自身优势。你做出的动作应该是你个人对音乐、对事物的理解，是你自己真实思想和内心情感的体现，也应该像书法一样动若其人，而不应该千人一面。这样才能形成自己的特色，将形意相通的韵味表现出来。

在带球练习的过程中，人对球拍、球的合理控制是打好柔力球套路的一个重要环节。通常我们都是拍打球，而在我们套路中是拍跟球、球粘拍，球拍与球之间保持接触，球拍与球的关系与太极推手演练中双方搭手后的感觉相同，球拍与球之间始终沾连粘随。通过身体的旋转和持拍臂的连续画圆和手的缠旋，使球在球拍中保持离心力和向心力的动态平衡。球只有不断获得离心力，才能始终贴靠在球拍上，所以我们应在套路演练中保持圆形运动。运动不停，圆不停需要手不停、脚不停，大圆接小圆，小圆套大圆，圆圆相接，弧弧相连。每个动作像有一根线串接起来一样，连绵不断。为了使动作更加顺畅自然，手指要随时根据动作的需要旋转球拍，即球原位基本不动，而球拍围绕球转动，正转 360°、反转 360°，竖转、侧转都能随意地完成，脚要随着上体的旋转，合理连续地进行前进、后退，内扣、外转、支撑旋转，保持身体的整体平衡和上下肢动作的协调美观。围绕球转拍可能是原位转，也可以加大转动半径，进行水平、垂直、侧旋等不同的运行路线转动，使套路更加柔顺、自然、舒展、美观，最大限度地提高手指触觉灵敏性，练出粘劲。在套路演练中手和脚要协调配合，手动脚动，脚动手亦动，通过手脚的互动使整个身体顺畅自然。通过练习柔力球套路，能更快地提高控球技术，同时也能更深地领悟到太极运动的内涵。

柔力球有很好的肢体表现性，动作细腻婉转，能很好地表达人的心理、情感和音乐的内涵。如果要进行套路表演赛，就应根据选择的音乐，合理地设计编排动作，使动作与音乐融为一体。要发挥自己的想象设计动作，但不要脱离太极完整连贯、圆融柔和的特色，要让柔力球技术和谐地融入动作和音乐之中。好的文章是有感而发、妙在天成，好的舞蹈也一样，它是内心灵感的爆发和闪现。自选套路就应以自由发挥为主，随心所欲，顺其自然，尽情展现自我个性，用肢体语言宣泄和放松身心，自得其乐、自赏其美，获得运动的快感和享受。也只有这样出自自然的东西才更有美感，更具有震撼力，才能给人以美的享受、力的鼓舞，也给自己带来欢快愉悦。通过运动将人的喜、怒、哀、乐全无保留地体现出来，使我们的身体和精神得到双重锻炼，既修身又养性，既悦人又悦已。

双拍双球，健身健脑——双拍套路介绍

什么是双拍套路

双拍双球是近几年出现的，是柔力球运动发展的需要，也是历史发展的必然，全国各地柔力球交流活动都有双拍双球爱好者参与的身影。大家如此喜爱双拍双球运动，反映出柔力球单拍和双拍之间必然的不同，也充分证明这是一项健身与健脑、修身与养性并举的科学体育运动，是省时、省心、省力的科学健身方法之一。双拍双球具有观赏性、挑战性和艺术性，能同时开发、锻炼左右脑，适合各个年龄段人群，是值得推广普及的科学健身项目，它引起了广大民众的重视，掀开了有效开发、锻炼右脑的新篇章！

为了顺应双拍双球发展的需要，让更多的双拍双球爱好者有机会、有平台学习双拍双球，以河南省驻马店市李翠芳老师为代表的翠芳柔力球艺术中心在国内独树一帜，率先在全国多层次、多渠道、多地域、多方式推广双拍双球。

2016 年，翠芳柔力球艺术中心协办了由中国老体协主办的“全国首届柔力球双拍双球交流活动”，承办了“全国首届（凤阳）双拍双球培训班”。来自全国 27 个省、市、自治区的 81 支代表队参加了双拍双球多个项目的交流展示。

医学知识告诉我们，人的大脑有左右两侧半球组成，双侧大脑半球交叉支配对侧的肢体，并以不同的方式处理信息。人的远端肢体（手、足）的运动，尤其是手指的运动，更有利于大脑潜能的开发。采用双手持拍、运作双球的方式，双手相向、同向、不同位置运动来完成柔力球的绕环、绕翻、摆翻、旋转、抛接等技术进而达到科学健身的目的。

双拍套路能够对身体产生哪些好处

1 促进身心健康

柔力球双拍运动需要一定的技巧，有一定的技术含量，动作花样不断推陈出新，引导着人们的求学欲望，在攻克难度技术的同时大家感受到了成功的喜悦，同时也陶冶了情操，愉悦了身心，起到了修身与养性的作用，使人们的心态更年轻，进一步提高人们的生活质量。

2 延缓大脑衰老，改善脏腑机能

双拍双球运动是“左右开弓”的特色运动，能进一步开发我们的大脑，提高右脑智力水平，增强记忆力，延缓大脑功能衰退，有效预防和减少老年痴呆病的发生。同时，这项运动对人体腹部的内脏器官起到了按摩作用，调节了脏腑机能，促进了肠胃蠕动，增强了消化机能，促进全身血液循环，提高了我们的生命质量。

04

竞技，勇者的较量

竞技柔力球即柔力球隔网对抗的形式。本章将向大家介绍竞技柔力球运动的技术和战术，技术部分包括握拍和站位技术、步法技术、发球和接发球技术、正（反）手抛接球和体前平弧球技术、隐蔽球技术、旋转球技术等；战术部分包括单打战术、双打战术等。

学习 —— 从握拍和站位开始

1 握拍方法

握拍方法是最基本、最简单的技术，也是最容易被忽略的基本技术，正确的握拍方法，对于准确、全面、迅速地掌握基本技术意义重大。正确的持拍方法，有助于球员随心所欲的把球打到对方场区的任何落点上，而如果握拍的方法错误，往往会影响我们对球的控制能力，会严重制约我们的技术和战术的发挥，降低了回球的效果和准确度，并容易产生错误的技术动作，因此，必须引起初学者注意。

握拍方法有正握和反握两种方法。

（基本技术介绍均以右手握拍为例）

●正手握拍法：

握拍之前，先用左手拿住球拍，使球拍竖直以保持与地面垂直，再张开右手，用拇指和食指第一指节的指腹部位，相对捏住拍把与拍面平行的两个宽面处，大拇指贴靠在拍柄上，并与其成一条直线，其余手指自然弯曲依次扣握，拍把的尾部靠在手掌的小鱼际处，掌心要空出，以便球拍在手中自如运转。握拍的时候，不要过于用力，手、臂部肌肉要放松。

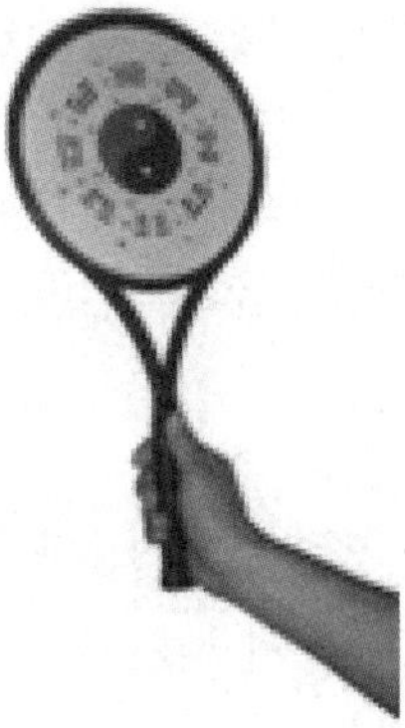

正手

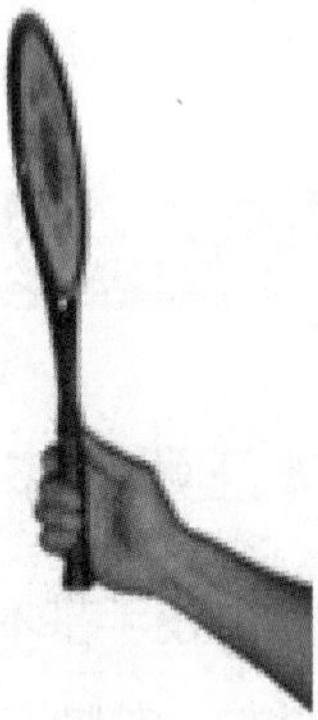

●反手握拍法：

反手握拍也是要求拇指和食指第一

指节的指腹部位相对捏握在拍把与拍面垂直的两个窄面处。中指、无名指、小指依次扣握，要求食指离三个指头稍稍分开，掌心空出，使球拍能灵活方便的应对各种复杂技术动作的要求。

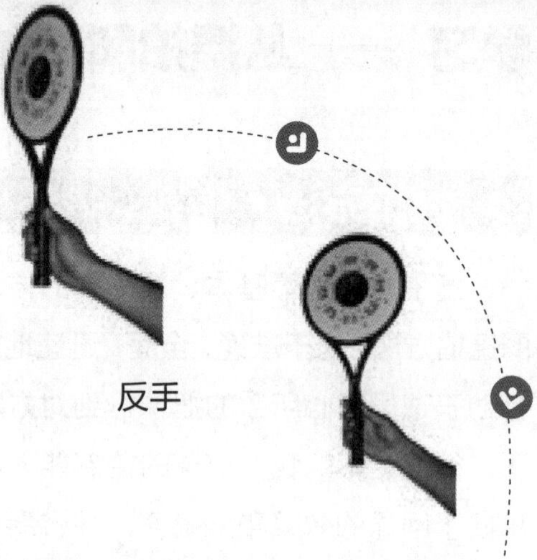

常见错误

01 虎口紧贴拍把，手指僵硬，握拍过紧，导致持拍臂肌肉紧张。

02 握拍位置过前，致使拍把尾部露出过多，在运动时严重制约了球拍灵活性。

03 五指大把攥握球拍，掌心没有空出。

04 食指向拍头方向伸出，形成食指独立状，造成手腕僵直。

纠正方法

01 先要知道错在何处，以及此错误握拍法对掌握技术的不利影响，进而再体会正确握法。

02 采用正确握拍法进行技术和战术练习，随时检查和注意自己的握拍是否正确，直至参加比赛。

03 在正确握拍方法的同时，还要引导握拍技术与个人的特点相结合，在合理的范围里对规范的握拍法有所改进，以便握拍更有利于个人技术特长和个人技术风格的发挥。

2 基本站位

●正手基本站位

正手基本站位是指运动员正手握拍，接抛身体右侧来球的站位方法。要求面向对方，左脚在前，右脚在后，两脚自然开立，略宽于肩，两膝弯曲略内扣，重心在两脚之间，脚跟略微提起，以脚前掌着地，髋关节放松，含胸收腹，上体略向前，平视前方，右手持拍，自然置于身体右前上方或右侧头上方。

正手基本站立（侧面）

正手基本站立（正面）

反手基本站立（正面）

常见错误

01 两脚呈“八”字外张，重心在全脚掌上。

02 两腿直立，膝关节不弯曲，并且腰部弯曲，上体严重前倾。

03 全身肌肉紧张，捏拍过紧。

反手基本站立（侧面）

纠正方法

01 多进行各种脚步移动练习，体会重心放在前脚掌移动的感觉。

02 在基本站位时，强调膝关节弯曲，重心下沉。

03 多做放松练习，要求持拍臂自然下垂。

入门 —— 步法练习

柔力球步法是指在 30 ～ 35 平方米的本方场地上，进行快速、合理并又有一定规律的上网、后退和两侧移动的方法。步法是及时准确地使用与衔接各项技术动作的枢纽，也是执行各项战术的有力保证，在实战中具有十分重要的地位和作用。步法的好坏，直接关系到运动员的技术水平和发展前途。

步法的分类

根据场上移动的方向和场区的位置，通常将柔力球球步法划分为：上网步法、后退步法、两侧移动步法和起跳腾空步法。而根据动作的结构，柔力球步法通常由并步、垫步、交叉步、滑步、跨步、蹬步、单脚跳步、双脚跳步等组成。

1 上网步法

上网步法是指从场地中央位置向网前移动的步法。上网步法可以分为正手上网步法、反手上网步法。为便于随时起动，准备姿势可以两脚前后站立，约同肩宽，两膝微屈，重心在前脚掌，上体稍前倾，并根据来球随时变换站位方向。

上网步法具体可分为跨步、垫步、蹬步。

◆跨步或前滑步：

当判断准对方来球后，左脚掌内侧用力蹬地并侧身向来球方向迈出，接着右脚也向前迈一大步，以脚掌外侧和脚跟先落地，再过渡到前脚掌，右腿膝关节弯曲并成弓箭步，紧接左脚自然地向前脚着地方向跟小半步。接抛球后，右脚蹬地用小步、交叉步或并步回到中心位置。

跨步上网时，要防止因上网前冲力过大使重心越过右腿而失去身体平衡，另外，前脚脚尖应朝着前进方向，而不应朝向内侧。

◆**垫步或交叉步：**

当判断准对方来球后，右脚先迈出一小步，左脚立即向右脚垫一小步（或从右脚后交叉迈出一小步），左脚着地后，脚内侧用力蹬地，右脚再向网前跨一大步成弓箭步，脚跟、脚掌外侧先着地，然后过渡到全脚着地，身体重心在前脚。接抛球后，前脚朝前蹬地，通过小步、交叉步或并步退回到中心位置。

垫步或交叉步上网的优点在于：步子调整能力强，在被动情况下，能利用蹬力强、速度快的特点迅速调整脚步，去迎接来球，垫步或交叉步上网的注意事项同跨步上网。

◆**蹬步：**

蹬步是在预先判断来球的基础上，利用脚的蹬地，迅速扑向球网，以争取在球刚越过网时立即进行还击。比赛中常用此步法上网“逗”小球。其步法是站位稍靠前，对方一有打网前球的意图后，两脚轻跳将重心调到左脚，同时左脚用力蹬地，右脚向来球方向大步跨出，侧身移向网前。击球后应立即退回中心位置。蹬步既要快，又要防止因前冲力过大而触网或过中线犯规。

2 后退步法

后退步法是指从中心位置后退到底线的步法。

后退步法是柔力球运动中最常用的，也是难度较大的步法动作。这是由人的解剖、生理结构所决定，向前总比向后移动容易，特别是向左场区底线后退，对灵活性和协调性的要求更高。后退步法有右后场区后退步法、左后场区后退步法和中后场区后退步法。不论是哪种后退步法，其移动前的准备动作和站位皆同上网步法。

◆正手后退步法：

正手后退步法有并步和交叉步两种。实战中可根据场上情况和个人特点灵活使用。

当判断准来球后，先调整重心至右脚，然后右脚蹬地迅速向右后撤一小步，同时上体右转，左肩对网，接着，左脚向右脚并步（或与右脚交叉后撤一步），右脚再向后移至来球位置。在移动的同时，必须主动伸拍迎球，并注意动作的正确性。待球在右肩上方下落时，做正手接抛球。完成动作后，身体重心随右脚前移迅速用小步跑或并步回到中心位置。

◆中后场区后退法：

中后场区后退法是对方来球向中后场区，过头顶击球技术还击时所采用的后退步法。中后场区后退法也可用并步、滑步或碎步移动后退。

当判断准来球后，左脚蹬地撤向正后方，同时，髋关节及上体向右后方转动，且稍有后仰；接着，右脚用并步或跨步后撤，或用连续的碎步向后移动接球，击球后，迅速回到中心位置。

◆反手后退步法：

反手后退时，应根据离球距离的远近来调整移动步子。如离球较近，可采用两步后退步法包括两种：一种是左脚先向左后方撤一步，接着，上体左转，右脚向左后方跨一步，身体背对网；另一种是右脚先向左脚并一步，然后，左脚向左后方跨一步，同时上体左转，右肩对网做反手击球。如离球较远，则要采取碎步后退。

3 两侧移动步法

两侧移动步法主要是防守中场球时所用的步法。其移动前的准备姿势及站位基本同上网步法。

◆向右移动步法：

01 蹬步

判断准来球后，上体稍倾倒向左侧，用左脚掌内侧用力蹬地，右脚同时向右侧跨一大步，髋关节随之右转、上体稍倾倒向右侧，重心在右脚上，同时举拍迎球，击球后应立即退回中心位置。

02 垫步

若距来球较远，则右脚先迈出一小步，左脚立即向右脚垫一小步（或从右脚后交叉迈出一小步），左脚着地后，脚内侧用力蹬地，右脚再向网前跨一大步成弓箭步，脚跟、脚掌外侧先着地，然后过渡到全脚着地并注意缓冲，身体重心在前脚，也就是用右滑步移动，接抛球后，前脚朝前蹬地，通过小步、交叉步或并步退回到中心位置。

◆向左移动步法：

判断准来球后，上体稍倾倒向右侧，用右脚掌内侧用力蹬地，左脚随髋关节的转动同时向左侧跨一大步。若来球较远，左脚先向左侧移一小步，紧接着右脚往左侧方向蹬起并转身，向左跨一大步。

◆正反手进攻步法：

01 单脚后撤步

当来球在中场附近时，若来球较近，可先降重心，左脚跨到前场限制区里，右脚保持在限制区外，重心偏向跨出的前脚上，同时伸拍迎球。当球上拍后，重心立即后撤，左腿提起向支撑腿方向并靠，同时支撑腿用力，膝关节伸直，身体上拔保持平衡，完成接抛球动作。若离球较远，可先利用并步或滑步移动到来球正前方后，再做动作。

02 单脚正翻身步

当来球在中场附近时，先降重心，左脚跨到前场限制区里，脚外侧用力蹬地，右脚保持在限制区外，重心偏向跨出的前脚上，同时身体右转，向斜下方伸拍迎球。当球上拍后，左脚立即前蹬向后用力，之后提起向支撑腿方向并靠，同时支撑腿用力，膝关节伸直，身体上拔保持平衡，利用身体旋转完成接抛球动作。若离球较远，可先利用并步或滑步移动到来球正前方后，再做动作。

03 单脚反翻身步

当来球在中场附近时，先降重心，右脚跨到前场限制区里，脚外侧用力蹬地，左脚保持在限制区外，重心偏向跨出的前脚上，同时身体左转，斜下方伸拍迎球。当球上拍后，右脚立即前蹬向后用力，之后提起，向支撑腿方向并靠，同时支撑腿用力，膝关节伸直，身体尽量上拔保持平衡，利用身体旋转完成接抛球动作。若离球较远，可先利用并步或滑步移动到来球正前方后，再做动作。

4 起跳腾空步法

01 双脚腾空正翻身步

当来球在中场附近时，左脚跨到前场限制区里，脚外侧用力蹬地，右脚保持在限制区外，重心偏向跨出的前脚上，同时身体右转，斜下方伸拍迎球。当球上拍后，左脚立即并靠到右脚，同时右脚向身后跨一小步，脚尖朝外，屈膝，重心下沉，利用双腿的爆发力，在空中展体旋转，完成接抛球动作。

02　双脚腾空反翻身步

当来球在中场附近时，跨出右脚在前场限制区里，脚外侧用力蹬地，左脚保持在限制区外，重心偏向跨出的前脚上，同时身体左转，斜下方伸拍迎球。当球上拍后，右脚立即并靠到左脚，同时左脚向身后跨一小步，脚尖朝外，屈膝重心下沉，利用双腿的爆发力，在空中展体旋转，完成接抛球动作。

03　背对前场腾空步

首先面对前方，当来球越过头顶，在身体后方时，右脚先主动向后撤步，同时左脚紧跟向后垫一小步，在重心落于左脚时，右脚再向来球方向跨出一大步，同时身体一定要向右旋转，面向球飞行方向，屈膝降重心，利用双腿的爆发力，在空中展体接球，完成接抛球动作。

步法的训练

柔力球的速度快，落点变化多，出球多样，要求运动员既要熟练掌握各种步法，又能在复杂的环境中快速、灵活地运用，要达到此目的，必须在训练中进行长期、系统的练习，才能达到实战的要求。在步法训练时应注意以下几点：

1 起动迅速

起动是各种步子移动的前提，只有起动快，才能迅速到位。这不但能取得较高的击球点，争取时间的主动，还能更好地完成各种击球技术。

要做到起动快，应该注意以下要点：准备时，两脚不能站实（即以全脚掌着地），这样不利于蹬地起动，而应稍提脚跟，并使两脚保持微动。在起动前应提高预判能力，即根据对方击球的习惯动作，提前判断来球的方向，以便及早做好起动的准备。这一点对于初学者来讲往往是不容易的。但只要在平时的练习和比赛中细心观察，分析对手的击球特点和习惯动作，就会为预判提供依据。这也是一种心理训练。在学习打球的初级阶段，如能将这种心理训练很好地和技术、战术训练结合起来，就能很快地提高水平。

2 接抛球后重心的转换

不论采用何种击球动作，移动步法时，身体重心必须紧密跟随。随时调整重心的位置来满足技术的需要。

3 注意力集中

接抛球过程中，要注视对方的动作，特别要学会用眼睛盯住对方出球时拍形、拍框的方向。只有这样，才能做到来球还处在对方空中时就能判断清楚来球的方向和落点，从而有较多的时间移动步法，从容回击。

4 回撤

所谓回撤，就是在接球后，立即回到适当的位置（原则上同中心位置），准备接下一个来球。如不善于立即回撤，则极易暴露自己的空当而遭到对方的攻击。这就要求：

01 要增强回动意识，每击完一球后，不停留在原地，也不盲目前后跑动，而是积极调整步子，原则上回到中心位置。

02 在上网时要保持身体平衡，充分利用右脚的回蹬回撤。

03 后退时，最后一步重心要在右腿上，击完球后，身体重心应随右脚前移，上体前压，协助回动。

04 不论是上网、后退，还是两侧移动，如出现脚步混乱，则应立即以小步尽快调整正常步子。

5 训练方法

01

先练单一步法，后练结合步法。

02

空拍练习，以熟练个人打法所常用的主要步法。

03

两人对练，一人抛球，一人练习。抛球速度先慢后快。要求练习者在动作正确的前提下，做相应的步法移动。

04

根据个人的打法特点，有针对性地安排步法练习的内容，以达到扬长补短的目的。

05

做某一种步法练习时，规定次数或组数，或要求在规定时间里完成一定的次数或组数，练习时必须保证回原位。

06

“M”字步练习法。练习步法者站在“M”字中间稍下一点位置，跑动时每个方向跑完后需回到原站位。可规定次数或规定时间。

07

步法练习可以和专项素质训练结合起来，以提高起动速度和增强下肢力量。

08

步法和手法紧密结合起来，注意身形的变化和手法的正确性。

09

利用多球进行步法训练，并结合技术，要求步法到位。

基础 —— 发球和接发球技术

发球

发球是一场比赛中每一分的开始，它是柔力球比赛中唯一不受对方制约和限制的技术，可以最大限度地施展自己的战术意图，因此具有极大的自主性。

在发球时，应该充分利用自己的技术风格和特长，破坏对方的站位或战术，限制对方技术特长的发挥，同时也尽可能地为发球抢攻创造条件，赢取更多直接得分的机会。

1 对发球的要求

01 发球动作必须符合规则要求。要求发球时，必须有一只支撑脚不得移位和脱离地面，发球动作必须保持一个完整的弧形引化过程。

02 真假结合。为了某一种发球能最大限度地发挥作用，可以用虚假的动作做配合。如发网前球可以用发高远球的动作完成。

03 速度和落点相结合。在发球追求速度的同时，一定要考虑落点的巧妙和准确，做到既有突发性，又具有精准的落点。

2 发球方法

发出的球以其在空中的滑行分为高远球、平快球和网前球三种。

01 发高远球

发出的球，运行轨迹高而远，落点在对方场区底线附近的球，叫高远球。

发球时双脚前后站立，左手拿球，右手持拍，左手将球由身体的前方向后上方抛出，使球在空中有明显的飞行轨迹，在抛球的同时右手持拍向前迎球，球入拍后，做完整的弧形引化动作，利用腿和腰的蹬转合力，重心由后向前移动，右脚蹬伸后可以顺势前移，并运用手臂继续挥摆的力量，将球向前上方抛出，上体同时向左拧转，使球沿着球拍边框飞出。

02 发平快球

平快球是指弧形较平、速度较快的发球，属于具有一定攻击力的发球。

此类发球与发高远球动作相似，但出球时的挥摆动作要以向前用力为主，发出的平快球，从接近网口的高度直奔对方后场。发球时用力一定要完整连贯，不能用肘或手腕在发球的后程突然加速加力。

03 发网前球

面对球网，两脚前后站立，自然分开，重心在两脚之间，发球时，手臂用力要柔和准确，重心的起伏和前后移动较小，发出的球最好贴近球网而过，使球在过网之后立即坠落，球的落点应在对方比赛场地允许落球的近网处和边角处。

3 常见错误

01

挥拍动作不以肩为轴，而仅以手腕或前臂的挥动来发球，无完整的弧形引化或引化动作不明显，硬性将球击出。

02

球未明显抛起，或利用身体遮挡发球。

03

为达到增加发球威胁的目的，横向挥拍，将球推出球拍。

04

为追求发球的高度和远度，最后出球时利用手腕勾、挑球拍。

05

发球时，球拍出球边框未与出球方向保持一致，造成明显的推、扇、压等错误。

06

发球时，两腿直立，重心没有变化。

4 训练方法

01 加强专项辅助练习，严格规范每一个发球技术动作。

02 多做空拍练习，注意在练习中重心下沉和前后变化。

03 自抛自接练习，强化球入球拍时的角度和全身整体用力抛球出拍的过程，体会每个球出球拍时拍框与出球方向的正确位置。

04 对墙或对网的发球，进一步体会全身完整用力，杜绝肘、腕的单独发力。

05 利用场地固定物体，反复练习定位发球，培养运动员发球的方向性、准确性和攻击性。

接发球

接发球是比赛中攻守转化的开始，是一项在被动中求主动的技术。它不仅要求身体的灵活性、动作的规范性、判断的准确性，而且还必须贯彻积极主动的指导思想。

运用合理的接发球技术可以破坏对方的发球抢攻，限制对方特长技术的发挥，而且为自己寻找反击创造条件。接发球技术不好，不仅会直接失分，或给对方以更多的抢攻机会，造成自己战术上的被动，而且还会因此引起心理上的恐惧。

1 对接发球的要求

01 提高对各种发球的预判能力，是接好发球的基础。接发球本身是一个被动的过程，可是接好发球却又可以使被动变主动。

02 树立积极主动的接发球意识，克服单纯求稳的思想。竞技比赛贵在求变，变速度、变角度、变动作等，打乱对方战术，以我为主，创造得分机会。

2 接发球方法

01 接高远球

利用正手或反手基本站位姿势，眼睛注意观察对方发球的动作，当发出高远球时，应积极主动地利用后撤步向后场底线退步，同时手臂主动伸拍迎球，以腰为中心向来球一侧转体，重心下沉并后移到后侧支撑腿，球上拍后应顺势画弧，利用腿的蹬伸和腰的转体力量将球向指定位置抛出。

02 接平快球

此类来球一般是沿着球网高度飞来，其发球的攻击性很强，因此应注意接球时脚步的快速移动，特别是面对追身球时，更要先主动侧身动脚，再伸拍迎球，给持拍臂一个自由活动的空间。根据不同的来球方向，可以用水平转体、正、反手接抛高球等动作。

03 接网前球

网前小球因为发球动作小，具有一定的隐蔽性和欺骗性，因此要求接球时尽可能利用垫步加弓箭步的脚步动作上前，充分利用腿部后蹬力量，重心前移，上体积极下压，上步的同时再伸拍迎球，在保证动作正确的前提下合理完成接抛球动作。

3 常见错误

01 站位靠前或靠后，容易给对方找到空当。

02 接球时，两腿直立，只靠转腰或弯腰来接球。

03 接球时，不是主动伸拍迎球，而是等球落在球拍上，造成硬性撞击或连击等。

04 接远离自己的球时，先伸手再动脚。

05 接球的技术动作不合理。

4 训练方法

01

站位应靠近中线附近，并随发球变化随时调整。

02

多做持拍空球练习，多体会场地上的空间感觉。

03

进行各种脚步移动的练习，加强脚步的灵活性。

04

两人一组，一抛一接反复练习。

基础 —— 正、反手抛接球和体前平弧球技术

正手接抛球技术

正手接抛球是使用最多的基本技术，也是一项较难掌握的技术。它要求在整个迎、引、抛的过程中，身体重心要平稳，持拍臂舒展，所画圆弧饱满连续。

1 正手接抛高球

特点和作用

正手接抛高球主要是在接对方高远球时使用。其特点是动作幅度大，速度不快，攻击性不强但稳定性较好。

动作要领

01 接抛球时，根据来球的方向、速度及时调整站位，将接球点置于身体右侧前上方，持拍臂以肩为轴，向右前方主动伸出迎球，身体重心也落在左腿上，当球触及球拍后，持拍臂迅速顺势向后经右后上方、右后方向右后下方做弧形引化，重心也相应做出变化，从身体的右前下方将球抛出。

02 在球入球拍时应从球拍的侧框切入，并从入球点对面的侧框出拍，在球出球拍的瞬间，出球点的球拍侧框应与出球方向保持一致，不要让拍头对向出球方向，注意身体重心要稳，双腿主动蹬伸发力，腰要拧转。

2 正手接抛低球

特点和作用

正手接抛低球是变化较多的动作之一。如果动作幅度大且慢，就是一个防攻球的动作；动作快且有力，就是一个正手进攻动作，并且其攻击点准确。因此，此动作可根据需要灵活变化，具有很强的可变性。

动作要领

01 正手接抛低球是指接球队员以正手握拍，接抛身体右侧前下方来球的方法。接球队员正握拍，接抛球时，根据来球的方向、速度及时调整站位，将接球点置于身体右侧前下方，持拍臂以肩为轴，向右前下方伸出迎球，此时拍面应向外略偏。

02 当球触及球拍后，迅速顺势向右侧后约 45° 方向做弧形引化，经右前头上方将球抛出。在弧形引化过程中动作要连贯，入球时全身协调拉上力量，双腿要主动蹬伸发力，腰要拧转，特别是在加速加力时，更要腰腿发力。在球出球拍的瞬间，球拍的侧框正对出球方向。

反手接抛球技术

反手接抛球技术与正手接抛球技术的接抛球方法、路线、目的都是一样的，当从身体左侧高点来球时，利用反手接抛球技术可以很好地化解球的力量和方向。此技术要求动作幅度尽量大，并要合理利用身体重心的前后移动，增加弧形引化的弧度。

1 反手接抛高球

特点和作用

反手接抛高球是接球队员以正握拍方法，在身体左侧按逆时针方向完成弧形引化动作。此技术动作幅度小，接抛球的稳定性高，主要针对速度不快的反手高球用。

动作要领

01 接球前，右脚在前，左脚在后，身体左转，球拍上举在头部左前方。

02 来球时，根据来球的速度和落点及时调整站位，持拍臂以肩为轴，手臂外旋，拇指在下其余四指在上，向左前上方伸出迎球，球拍的边框对着来球。

03 当球触及球拍后，由腰带动持拍臂向左侧后下方做弧形引化，肘部也积极向左胸靠近，持拍臂画圆的同时，双脚蹬转，最终将球由左前下方向前抛出。

2 反手接抛低球

特点和作用

接球队员以正握拍方法，在身体左侧按顺时针方向完成弧形引化动作即为正拍反手接抛低球。此动作易化解速度较快的进攻球，可用于防守，也可用来高点进攻，作为进攻动作时，必须更多地用腰腹力量。

动作要领

01 接球前，右脚在前，左脚在后，身体左转，将接球点置于身体左侧前下方。

02 来球时，根据来球的方向、速度及时调整站位，持拍臂以肩为轴，向左侧前下方主动伸出迎球，持拍手拇指在上其余四指在下，拍头略上翘。

03 当球触及球拍后，使全身的力集中在腰部，以腰带动持拍臂向左后上方做弧形引化后，将球由左前上方向前抛出。在做加力高点进攻球时，可以转腰向后，背对正前方，利用腰的力量带动手臂挥摆。

体前平弧球技术

体前平弧球是指接球队员在身体前侧，用拍头向下的水平弧形引化方法的接抛球技术。由于它的引化动作是有支撑点无实体轴的运动，虽然动作缺少力量，但是在场上变化多、进攻效果好、落点精确，是前场常用的小球技术。

1 体前平弧球（由左到右）

特点和作用

此动作因为是反关节运动，动作幅度不大，要求接球前身体尽量前倾，手臂肌肉放松。此动作主要是控制攻向本方运动员左腿腰部以下的球。

动作要领

01

接球前，两脚平行站立，自然分开，上体尽量前倾，保持重心在两脚之间，右臂置于身体左侧，拍头自然下垂。两眼正视前方。

02

来球时，根据来球的方向、速度及时调整站位，持拍臂向左前下方伸拍迎球，同时重心前移到左脚。

03

当球触及球拍后，迅速在体前做水平弧形引化，经两腿前侧向右侧外上方引球画弧，重心也随之跟到右脚，出球时，手臂尽量打开，但不要有手腕的挑、抖等动作。

2 体前平弧球（由右到左）

特点和作用

此动作对于攻向本方右腿下方的球，能很好地化解。其特点是动作自然、简单、合理，便于掌握，要求接球前身体尽量前倾，手臂肌肉放松。

动作要领

01 接球前，两脚平行站立，自然分开，上体尽量前倾，保持重心在两脚之间，右臂置于身体左侧，拍头自然下垂。两眼正视前方。

02 来球时，根据来球的方向、速度及时调整站位，持拍臂向左前下方伸拍迎球，同时重心前移到左脚。

03 当球触及球拍后，迅速在体前做水平弧形引化，经两腿前侧向右侧外上方引球画弧，重心也随之跟到右脚，出球时，手臂尽量打开，但不要有手腕的挑、抖等动作。

3 反手体前平弧球（由左到右）

特点和作用

此动作相对于正手握拍，动作更自然，控制的范围也更大，具有更强的隐蔽性，但此类动作较难掌握。

动作要领

01

接球前，两脚平行站立，自然分开，上体尽量前倾，保持重心在两脚之间，右臂置于身体左侧，轻握球拍，球拍侧框对向来球方向，拍头自然下垂。两眼正视前方。

02

来球时，根据来球的方向、速度及时调整站位，持拍臂向前上方伸拍迎球，同时重心前移到左脚。

03

当球触及球拍后，迅速在体前做水平弧形引化，经两腿前侧向右侧外上方引球画弧，重心也随之跟到右脚，出球时，手臂尽量打开，但不要有手腕的挑、抖等动作。

4 反手体前平弧球（由右到左）

特点和作用

此动作对于攻向本方右腿下方的球，能很好的化解。其动作更舒展、合理，控球范围也更大，但掌握有一定难度。

动作要领

01 接球前，两脚平行站立，自然分开，上体尽量前倾，保持重心在两脚之间，右臂自然下垂，反手轻握球拍，球拍侧框对向来球方向，拍头自然下垂，两眼正视前方。

02 来球时，根据来球的方向、速度及时调整站
持拍臂向前上方伸拍迎球，同时重心前
右脚。

03 当球触及球拍后，迅速在体前做水平弧形引化，经两腿前侧向左侧外上方引球画弧，重心也随之跟到左脚，出球时，手臂尽量打开，但不要有手腕的挑、抖等动作。

进阶——隐蔽球技术

1 头后球

特点和作用

此动作幅度较小，但变化较多，可以在弧形引化中有多个变化。

动作要领

01 接球队员正握球拍，接抛球时将接球点置于身体左侧。

02 持拍臂在引球入拍的同时，右脚向左前跨半步，身体向左转体约90°，右肩正对进攻方向，左臂自然下垂，引球入拍后，利用左脚的蹬伸力量，身体重心由左脚移动到右脚，此时右手顺势经身后向左后方引化，使球由身体左侧头后部抛出。

02 注意出球时头部向前，眼看出球方向。

正面

侧面

2 腋下球

特点和作用

此动作和左侧头后球基本一致，不同就是举起左臂更增加了动作的欺骗性，对于接左侧位腰部的球更容易。

动作要领

01

接球队员正握球拍，接抛球时将接球点置于身体左侧。

02

持拍臂在引球入拍的同时，右脚向左前跨半步，身体向左转体约 90°，右肩正对进攻方向，左臂屈肘上抬，引球入拍后，利用左脚的蹬伸力量，身体重心由左脚移动到右脚，此时右手顺势经身后向左后方引化，使球由身体左腋下抛出。

03

注意出球时头部冲前，眼看出球方向。

正面

侧面

3 身后隐蔽球

特点和作用

此动作有一定难度，要求身体自然扭转，手脚配合，因球在身后不能用眼睛观测，必须具备良好的空间感觉。在有意识地攻击对方某方位时多用此动作，特别是在接攻击性很强并离身体很近的球时，可起到很好的化解作用。

动作要领

01

接球队员正手握球拍，拍头向下保持基本站立姿势。

02

当来球时，左脚向右脚前方上一步，重心落在右脚，且膝关节弯曲并保持腰部肌肉紧张。同时持拍臂主动伸拍迎球，球上拍后身体立即右转，带动持拍臂以身体中轴为轴向身后引球，这时重心过渡到两脚之间，利用双腿的蹬伸将球抛出。

03

球出拍后，应该立即撤步回位，保持基本站立姿势。在实战中身后接抛球是常用而且效果较好的隐蔽动作，接抛球时也可采用原地、撤步的接抛球动作。

4 腿部隐蔽球技术

▲提右腿接抛球

特点和作用

此动作难度不大，对于对方攻向本方右侧位的网前小球运用较多，可以直接攻对方的右侧对角或后场。

01

接球队员正手握拍，成正手基本站位姿势。

02

当来球时，左脚先向右前方上半步成支撑，重心落于左脚，右腿上提直腿抬起时，持拍臂主动伸拍迎球，将引入球拍的球经右腿外侧做弧形引化至腿下抛出。注意球拍边框正对出球方向。

03

如果来球较高时，可以上左步以左脚起跳，右腿上摆，然后将引入球拍的球经右腿外侧做弧形引化至右腿下抛出。

2 提左腿接抛球

特点和作用

此动作完成自然，右脚上步，上体自然转动，能很好地利用身体做掩护，达到声东击西的作用。球上拍后可以有较多的球路变化。

动作要领

01

接球队员正手握球拍，成正手基本站位姿势。

02

当来球时，右脚先向前方上半步成支撑，重心落于右脚，左腿上提直腿抬起时，持拍臂主动伸拍迎球，将引入球拍的球经左腿内侧做弧形引化至腿下抛出。

03

抛球时注意身体重心尽量上提，同时保持身体平衡。为了更快地恢复身体平衡，可以在提左腿时加大摆动力度，在完成腿下抛球后，顺势旋转360°，使身体迅速恢复正手基本站位姿势。

进阶——旋转球技术

■原地旋转球技术

1 水平右旋球

特点和作用

此动作加上了脚步的移动和身体的旋转，因此具有一定的攻击性。该动作多用于接攻向本方右侧水平位的球。

动作要领

01 当球向身体右侧上方飞来时，重心右移，持拍向右前上方主动伸拍迎球，同时以右脚为支撑，左脚迅速蹬地，使身体向右后方顺时针方向水平旋转。

02 持拍臂带球，拍头朝上，拍面始终面向身体的纵轴，并围绕着身体的纵轴进行水平弧形引化旋转。

03 在旋转的过程中，头部要稍领先于身体的旋转，左手侧平举保持身体平衡。在球出拍瞬间，出球点的拍框外缘要对向出球方向。

2 水平左旋球

特点和作用

此动作和水平右旋球相似，只是方向相反，因此也具有一定的攻击性。该动作多用于接攻向本方左侧水平位的球。

动作要领

01

反手基本站位，当球向身体的左侧上方飞来时，右手持拍向左前上方伸拍迎球，同时，以左脚支撑，右脚迅速蹬地，使身体向左后方沿逆时针方向旋转。

02

持拍臂挥拍带球，拍头朝上，球拍的持球面对向身体的纵轴，并围绕着身体纵轴，进行水平弧形引化旋转，在旋转的过程中，头部要稍领先于身体，左手侧平举以保持身体平衡。

03

在球出球拍的瞬间，出球点的拍框外缘要对向出球方向。

3 原地右侧立旋球

特点和作用

因为充分利用全身的合力，因此发力迅猛，具有很强的攻击性。该动作在接攻向本方中场附近的正手位球时，较多运用。

动作要领

01

原地右侧旋球俗称“正翻身”。接球前，要保持正手基本站位。

02

当球向身体的右下方飞来时，重心下沉，右手持拍向右前下方伸拍迎球，同时右脚后撤支撑，左脚迅速蹬地，重心后移，在身体合力的带动下，持拍臂由右下方侧旋至身体的左上方，将球沿旋转圆弧的切线方向抛出。

03

在球出球拍的瞬间，出球点的拍框外缘应与出球方向保持一致。

04

在旋转的过程中，头部要稍领先于身体的旋转，左手亦打开保持身体平衡。

正面

4 原地左侧立旋球

特点和作用

因为充分利用全身的合力，因此发力迅猛，具有很强的攻击性。该动作在接攻向本方中场附近的反手位球时，较多被运用。

动作要领

01 原地左侧旋球俗称“反翻身”，接球前，保持反手基本站位。

02 当球向身体的左侧下方飞来时，右手持拍向左前下方伸拍迎球，同时左脚后撤，前脚掌外转并支撑，右脚迅速蹬地，重心后移，在身体合力的带动下，持拍臂从身体的左侧下方侧旋至身体右侧上方，将球沿旋转圆弧的切线方向甩出。

03 在旋转过程中，圆心和半径要固定，弧线要保持在一个平面上。

正面

侧面

进阶——腾空旋转球技术

1 腾空右侧立旋球

特点和作用

此动作有很大的发挥空间，在很多情况下可以灵活运用。由于是在腾空后的最高点进攻出球，因此具有很强的攻击性，同时要在空中完成整个引拋动作，因此对身体素质和空间感觉有很高的要求。

动作要领

01

正手站位，当球向身体的右侧飞来时，屈膝降重心，右手持拍向右前下方伸拍迎球，重心前移，同时滑步调整站位。

02

当球入球拍后，左脚侧蹬，重心迅速后移，右脚支撑起跳，或双脚同时向右后上方蹬转身体，在空中旋转，带动手臂和球拍，由身体右前下方，经体后向上从身体的左上方再向前画一条完整的弧线。

03

当球拍旋转到最高点时，使球沿这个弧线的切线方向抛出球拍，出球点的拍框外缘要对向出球方向，双脚必须落在限制线后，因此要求在身体起跳时，必须向后上方跳，利用左臂的支撑保持身体在空中的平衡。

2 腾空左侧立旋球

特点和作用

此动作有很大的发挥空间，在很多情况下可以灵活运用。因为在腾空后的最高点进攻出球，所以具有很强的攻击性，同时要在空中完成整个引抛动作，因此对身体素质和空间感觉有很高的要求。

动作要领

01

反手站位，当球向身体的左侧下方飞来时，屈膝降重心，右手持拍向左前下方伸拍迎球，同时滑步以调整站位。

02

当球入球拍后，右脚侧蹬地面，重心迅速后移，以左脚支撑起跳，使身体在空中旋转，带动手臂和球拍及拍中的球，由身体的左前下方经体后向上，到身体的右上方，再向前画出一条完整的弧线，在这个弧线的最高点处，使球沿着这个弧线的切线方向抛出，出球点的拍框外缘一定要对向出球方向。

03

双脚落地必须在限制线后。因此要求在身体起跳时，必须向后上方跳，利用左臂的支撑保持身体在空中的平衡。

04

在旋转过程中，头要领先身体的旋转，提前观察对方的防守情况，将球有目的地攻入对方赛场空当。

3 腾空水平旋球

特点和作用

当球越过头，而又来不及转身时，可用此技术变被动为主动。因为是在空中完成整个接抛动作，所以对身体素质和空间感觉有很高的要求。

动作要领

01 正手基本站位，当球越过头顶的一瞬间，右脚立刻采用后撤步向后移动，同时身体右转，背对正前方，双脚迅速蹬地，使身体腾空，在空中完成围绕身体纵轴的水平旋转，在旋转的同时右臂持拍向右侧上方迎球。

02 球入球拍后，以身体的旋转力量带动手臂、球拍及拍中的球，使球从身体的左侧抛出。旋转时拍头向上，球拍的持球面对向身体的纵轴。

03 出球时，要注意球甩出球拍的瞬间拍框的外缘要对向出球方向，落地后要迅速恢复基本站位。

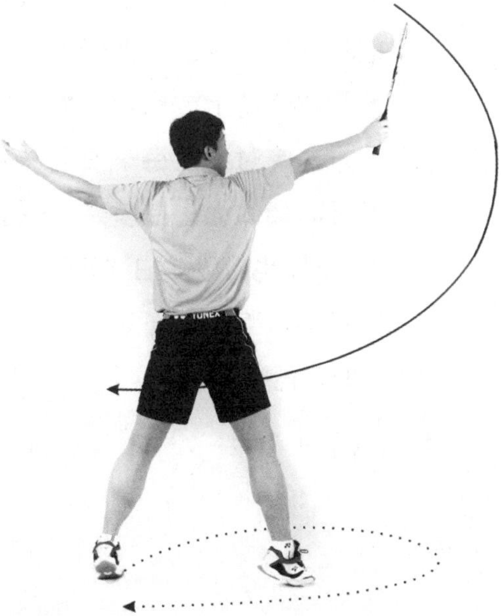

想赢，还要学好战术

1 什么是战术

体育战术是一种为实现确定的比赛意图，并通过参赛者的个体或群体行为来实现的原则和方法。

在比赛中，双方都想要控制对手，力争主动。以己之长，攻彼之短，抑彼之长，避己之短，控制与反控制的竞争是十分激烈的。能够根据不同对手的特点，采取相应变化的技术手段战而胜之，这便是战术的意义。

2 为什么要运用战术

●调动对方位置

对方一般站在场地中心位置，全面顾及各个角落，以便回应各种来球。如果把对方调离中心位置，其场区就会出现空当，这空当就成了进攻的目标。

●使对方重心失去控制

利用重复球或假动作打乱对方的步法，使对方重心失去控制，来不及还击或延误接球时间而回球质量变差，造成被动。

●消耗对方体力

控制球的落点，最大限度地利用整个场地，把球攻到场地的四个角上或离对手最远的地方，使对手在每一次回球时尽量消耗体力。在争夺一球的得失时，也应以多拍调动对手，让对手多跑动，当对手体力不支时，再行进取。

●有意识攻其易失误点

在对抗中，一旦发现对方有某个技术动作或技术环节不规范，易被裁判员判罚，则可有意识地多将球抛至对方易失误点，造成对方接球质量不高或技术动作错误而失分。

●瓦解对方意志

“攻其心、乱其谋、泄其气、夺其志。”在比赛中，通过各种方式、手段和途径对对方进行刺激和影响，进而使对方变攻为守，或铤而走险，或失去信心等，以打乱对方的原战术而出现混乱。

3 怎样运用好战术

01 知己知彼，百战不殆。球场上除了知道自身战术特点，也要求能掌握对方球性的 技战术特点，针对场上可能出现的情况，设计出多种可行的对策。赛前做好充分准备，不论在比赛节奏上还是具体打法上要尽可能力争主动，控制场上局面，而不要误入对方的“圈套”，要随时根据场上的变化调整战术，让对方摸不到规律。

02 在比赛中要最大限度地发挥自己的优势和特长，找准对方弱点或要害，力求以长击短。在比赛中要攻防结合，打吊结合，精心做好攻防动作的衔接和组合，讲究攻防的一体性和进攻的连续性。

03 双打中要发挥两个球员的技战术优势，正确选位，合理分工，默契配合，从而形成最佳攻防体系，在规则允许的范围内，运筹谋划，大胆创造。

4 开始基本战术学习

●单打战术

压后场战术

遇到技术不够熟练、后场还击能力差、回球路线和落点盲目性大的对手时，一般采用这种战术，以压对方于后场底线附近造成对方被动，然后伺机进攻得分。另外，在对付后退步法较慢、反击能力较差的对手时，可以重复压后场底线或重复攻后场直线，突击对角线，都能取得很好的效果。

放前攻后战术

在对付移动步伐较慢，网前应变能力较差的对手时，先以吊网前小球，打乱对方的阵角，然后突然攻击对方的后场底线。

打四方球结合突击战术

这种战术用来对付体力差、步伐慢的对手时较为有效。它以快速、准确的落点攻击对方场区的四个角落，调动对方前后左右奔跑，并在对方来不及回位时，向其空当部位进攻。

攻后吊前战术

先用长线高点进攻球压攻对手的后场，然后突然利用旋转时的速度变化或隐蔽技术手段将球吊在网前。

真假变换战术

充分利用弧形引化过程中的时间，用身体的假动作、眼神等调动对方，真真假假、虚虚实实，让对方琢磨不定，疲于应付，然后伺机攻其不备而得分。

追身球战术

人的裆部到头部之间是正反手接抛都最感困难的部位，是防守中的弱点，用追身球直指对方胸前，可使对方接抛困难，或直接造成失误。

●单打进攻战术的应变

发球抢攻战术的应变

发球抢攻是比赛的重要得分手段，发球可根据对手的站位，回应球的习惯球路、反击能力、打法特点、精神和心理状态等情况，运用不同的发球方法，以取得前几球的主动权。通过这一战术的运用，打乱对方的整个战略部署，造成对方措手不及。特别是在关键时刻，运用发球抢攻战术能达到不同的效果，在相持时可以用它来打开僵持的局面，力争主动；领先时可以用它来乘胜追击，一鼓作气战胜对手；落后时可以用它来做最后的拼搏，力挽狂澜，反败为胜。

① 发前场区抢攻战术

发前场区球的目的，一是为了偷袭，如对方反应慢，或站位偏后场，偷袭成功率大。二是为了限制对方马上进行攻击。另一个目的是通过准确、有意识地判断对方的回击球路，从而组织和发动快速强有力的抢攻，达到直接得分或获得第二次攻击机会。

② 发平快球抢攻战术

发平快球抢攻战术和发前场区抢攻战术的不同点在于发前场区抢攻可直接抓住战机进行抢攻，而发高远球抢攻则要通过守中反攻的手段才能获得抢攻的机会。发平快球的目的，一是为了配合发前场区球抢攻；二是让对手进行盲目进攻或在我方判断的范围之中进攻，使发球方能从防守快速转入进攻；三是造成对方由于失去控制而直接失误。

③ 发高远球战术

发高远球战术的目的，一是为了把对方逼至后场区而造成网前区的空隙；二是让对手无法进攻或进攻路线变长而造成进攻力量不足；三是为自己进场准备接发球赢得较充分的时间。

④ 发高压球进攻战术

利用高压球势大力沉，攻击速度快的特点，迫使对方接球困难，回球质量差，为我方进攻创造条件。发高压球目的主要是限制对方接发球进攻，争取我方主动权。

接发球抢攻战术的应变

接发球抢攻战术是接发球战术中最易得分、最有威胁的一种战术。但是，前提是对方发球的质量欠佳。如发高远球时落点不到位；发前场区球过网时过高；发平快球时速度不快，角度不佳。

离开了这一前提条件而盲目地进行抢攻，效果就差，成功率就低。除此以外，还要有积极的、大胆的抢攻意识。要获得抢攻战术的成功（得分），还要根据自己的技术特点和身体条件，同时结合对方的技术特点、身体条件和心理素质实施抢攻战术。

抢攻战术的完成大都要由两三拍抢攻球路的组织才能奏效。所以一旦发动抢攻就要加快速度，扩大控制面，抓住对方的弱点或习惯路线一攻到底，一气呵成。

单个技术的进攻战术应变

① 重复高远球进攻战术

这种战术的特点是以重复高远球进攻对方同一个后场区，甚至可连续重复数拍，以求达到置对方于死地或逼对方回应球质量变差，以利于我方进行最后一击。这种战术对主动上网快、控制底线球能力差以及后撤步法差的对手很有效果。

② 拉开两边高远球进攻战术

这是使用高远球或连续攻击对方两边后底线，以求获得主动权，或逼对方转为被动，以利于我方最后一击的战术。采用这种战术，要求我方控制高球的出手速度、击球的准确性和动作的一致性等都比较好。这种战术对主动上网快，两底线攻击能力较弱的对手是很有效果的。

③ 重复网前小球战术

重复进行网前小球，吊两边或吊一边，以求获得主动攻击权。这种战术对于我方吊球技术较好，并能掌握假动作吊球者，对待对方上网步法差，或对方回底线球不到位，而急于后退去防守我方的杀球者最为有效。

④ 重复杀球进攻战术

当遇上一位习惯防守的对手时，就可采用重复杀球的进攻战术。采用这种战术首先要了解对手的这一情况，然后先有意识"喂"对方几个球，观察其战术特点，而后调整好自己的位置，反复强攻，并注意落点要刁钻。

⑤ 高远与小吊的进攻战术

我方可依据对方站位情况，反复采用高远与小吊的进攻战术，迫使对方疲于应付，使其技术动作变形，一旦回球质量不高，就可乘势进攻得分。

单打防守战术的应变

防守战术的原则是"积极防守""守中反攻"，而不是"消极防守"。因此要达到"积极防守""守中反攻"的目的，就要在自己处于防守的被动情况下，通过调整战术来化解对方的攻势、夺回失去的主动权。这就必须具备较好的防守能力，包括手法、步法、身法等。

① 打两底线高远球的防守战术

打两底线高远球是为了使自己有更多的时间调整，以便为自己转守为攻创造条件。这在防守上非常有效。

② 采用长短结合的防守战术

在防守中采用勾对角网前小球和放后场高远球战术是很有效果的，当然，这需要能准确判断对方进攻的落点，反应到位，并具有灵活多变的手法，才能精准地打出勾对角球精准的情况，达到“守中反攻”的目的。

●双打战术

双打要求两个队员配合得像一个人，才能把两个人的长处结合起来，打出比任何一个人单打水平都高的比赛。由于双打战术机动灵活，变化比单打复杂得多，无论是在高水平的对攻战，还是在中低水平的攻防战中，能做到瞬间的默契配合是很不容易的，而这一点正是双打战术的突出特点，是双打战术成功与取胜的关键，而“默契配合”是建立在两个相互了解和信任的基础上，是在长期配合中磨炼出来的。好的双打配对应紧密合作、互创条件、扬长避短、相辅相成，在场上有呼有应、相互鼓励、气势如虹，即使由于实力不如对方而失利，两个人合作也是愉快、融洽的。因此，双打的根本是两个人如同一个整体，无论何时都要并肩作战，移动要一致。可以想象为两个人被一根松弛的绳子相连接，这根绳子使他们一起向前、向后、向左和向右移动。

① 发球的战术

双打球经常比单打球更具有攻击性。发球可充分观察对方站位，考虑对方回球路线。在比赛中，通常发球技术最好的球员应该是第一发球员。而在每次发球时，高质量的第一次发球更为重要。

② 攻人战术

这是一种经常运用的，且行之有效的战术。当发现对方有一个人的防守能力或心理素质较差、失误率比较高或防守时球路单调时，就可采用这种战术，把球进攻到这个较弱者的一侧。这种战术可集中优势兵力以多打少，以优势打劣势，造成主动或得分。有利于打乱对方防守站位，另一个不被攻的人，由于没有球可打，慢慢地站位会偏向同伴，形成站位上的空当，有利于我方突击另一线而成功。并可能造成对方思想上的矛盾而互相埋怨，影响其士气。

③ 攻间隙战术

不论对方把球打到什么地方，我方攻球的落点都应集中在对方两人之间的结合部，并靠近防守能力较差者一侧，或在中线上。攻中路战术，可以造成对方抢球或漏球；可以限制对方击出大角度的球路。有利于我方网前的小球变化，这是对付配合较差对手的有效战术。

④ 攻直线战术

即杀球路线和落点均为直线，没有固定的目标和对象，只依靠杀球的力量和落点来得分的战术。当对方的来球靠边线时，攻球的落点在边线上，当对方的来球在中间区域时，就朝中路进攻。这个战术在使用上较易记住和贯彻，杀球路线虽然难度高一些，但效果不错。

拉开掩护战术

双打中己方一人接抛球时，另一人积极跑位，拉开掩护，用准备接球进攻的行动，吸引对方防守队员，为接球手进攻创造机会。

“二传球”战术

对方击来的球我方不是一次就回击过去，而是充分利用规则进行一次“二传”（俗称“做球”），为本方主攻手创造进攻机会。二传战术要求两人配合默契，分工明确。

●●●●●●●●

以上是柔力球竞技比赛中的常用战术打法。技术是战术的基础，战术是技术的灵魂，二者相辅相成，在运用战术时要注意技术的合理性，如求快时不可撞击或省略引化，求慢时不可停顿或持球引化，追求方向时不可折向，追求杀伤威力时不可二次发力。一个战术的合理运用，往往能为下一个战术的实施创造机会。赛场情况千变万化，战术运用也应灵活多变，不断有所创新发展。

05

要比赛，先了解赛制和规则

除了掌握技术和战术，在参加比赛之前还要了解赛制和规则。本章将向大家介绍柔力球运动的赛制、柔力球套路的打分规则，以及竞技柔力球的主要规则等内容。

帮你了解赛制

柔力球比赛通常采用的比赛制度有淘汰制、循环制和混合制三种。选择和确定比赛制度时，应根据举办比赛的目的、任务、比赛的期限、参加队伍的数量而定。

淘汰制

淘汰制是指竞赛中失败一次或两次后，即失去继续竞赛的机会，连续获胜的球队继续参加竞赛直至确定最后的优胜队。失败一次即失去竞赛资格的方法为单淘汰制；失败两次即失去竞赛资格的方法为双淘汰制。

淘汰制一般在参加比赛的队伍多而比赛时间短的情况下采用，可以节省时间，但它除第一名外不能合理地确定其余各队的名次，另外实力较差的队或个人参加比赛的场次有限，因此在实践中锻炼的机会较少。因此，单纯的淘汰制在柔力球比赛中已经很少单独使用了。

单淘汰制的编排方法

01 制定竞赛轮次表

如参加竞赛的队数（或人数）恰好是2的乘方数（2、4、8、16），则在第一轮中所有的队都要参加竞赛；如不是2的乘方数，经过第一轮竞赛后，必须使参加第二轮竞赛的队数是2的乘方数。第一轮参赛队数=$(N-2^n)\times 2$，即（队数－略小于队数2的乘方数）×2。如17个队参加竞赛，第一轮参赛队数为：$(17-2^4)\times 2=1\times 2=2$。即2个队参加第一轮竞赛。

02 抽签，制定竞赛日程表

组织各队抽签，确定参赛队在竞赛表中的位置，并根据抽签结果，把各队队名填入竞赛轮次表中，然后制定出竞赛日程表。

双淘汰制的编排方法

双淘汰制的编排方法为：竞赛进入第二轮后，要把失败的队再编排起来继续竞赛，再失败的队则被淘汰。胜队继续与上一轮失败者进行比赛，最后一次失败的队还能参加决赛，并可能夺取冠军。

淘汰制编排应注意的问题

- 为避免强队相碰，可先确定种子队；
- 应把轮空队分别排列在上、下两半区；
- 确定其他比赛名次时可进行补赛。

循环制

包括单循环、双循环和分组循环三种。

单循环制的编排方法

单循环是指所有参赛队在竞赛中均能相遇一次，最后按各队在竞赛中的得分多少、胜负场次来排列名次。一般在参加比赛的队数不算太多竞赛时间相对较长时采用。

01 计算出竞赛的场数和轮次

竞赛场数：参赛队数N×（N−1）/2就是最终的场次数。

竞赛轮次：若参赛队数为偶数，则轮数=N−1；若参赛队数为奇数，则轮数=N。

02 编排竞赛轮次表

不论参赛队是奇数或偶数，均按偶数进行编排。在编排操作时，一般采用“固定轮转”的方法，即把参赛队平均分成两半。若参赛队为奇数，则在队数最后加一个“0”，使其成为偶数。固定“0”的轮转编排法可解决某队连续相遇轮空队的情况。

03 抽签

抽签方法在竞赛规程中说明，将抽签结果的队名填入竞赛轮次表中。

04 编排竞赛日程表

根据比赛的日期、时间、场地、服装颜色等排出比赛日程表。

双循环制的编排方法

双循环制是指所有参赛队在竞赛中均能相遇两次，最后按各队在全部竞赛中的得分多少、胜负场数决定名次。一般在参加比赛的队数少、竞赛时间较长时采用。

分组循环制的编排方法

分组循环是把参赛队分成若干组，分别进行单循环竞赛。在小组排定名次后，再进行第二阶段的比赛。一般在参赛队多、竞赛时间有限时采用。

总场次为各小组单循环场次累加在一起；轮次按小组最高轮次数计算。

分组循环的轮次轮转方法和制定竞赛日程表等与单循环相同，只是抽签方法略有区别。

分组循环的抽签方法：先确定种子队，由种子队优先抽签，确定种子队的组别；然后其他队抽签，确定各组别的参赛队。

小组循环后进行第2阶段的竞赛方法为：

01

同名次决赛：同名次编为一组进行单循环赛。

02

前两名、第3、4名各编为一组进行单循环赛。

竞赛成绩计算方法与名次评定（竞赛规则中有规定）

胜一场得3分，负一场得1分，弃权得0分，积分多者名次列前；若两队积分相同，按两队间竞赛的胜负决定，胜队名次列前；若3队或3队以上积分相同，则按这几个积分相同的队之间竞赛的胜负场次决定，胜场多者名次列前；如胜负场次仍相同，则按他们之间竞赛的得失分率（总得分/总失分）大小决定，得失分率大者名次列前；仍相同，则按他们在全部竞赛中的得失分率而定，得失分率大者名次列前。

如果只有三个球队参加比赛，并用上述的步骤（得失分率完全相同）不能决出名次，则用得分来确定名次排列。

如果在完成上述所有的步骤后球队仍排名相同，将用抽签来决定最终的名次排列。抽签的方法由技术代表或由当地比赛的组织者确定。

混合制

同时采用淘汰制和循环制进行竞赛的方法称混合制。常用的方法：先经分组循环赛排出小组名次；第二阶段进行交叉淘汰排出最后名次。

交叉赛

若第一阶段分两组进行循环赛后，排出小组名次进行交叉赛，即A组的第1名对B组的第2名，B组的第1名对A组的第2名，两场比赛胜队争夺第1、2名，负队争夺第3、4名。

同名次赛

把第一阶段各组决出的同名次的队编在一起，胜者名次列前。如果第一阶段是分四个组循环，先由四个组的第1名争夺第1~4名，依次类推。

佩奇法决赛（PAG）

假如第一阶段分两组进行单循环排出各组的名次。A、B两组的第1、2名采用佩奇法决出第1~4名，即A1对B1、A2对B2，A2对B2的负者为第4名，胜者对A1对B1的负者，负者为第3名，胜者对A1对B1的胜者，决出冠亚军。

帮你介绍套路打分规则

规定套路

01 规定套路分值的构成（总分为100分）

- 技术完成分值为80分；
- 艺术表现分值为20分。

02 规定套路的评分

- 规定套路完成情况的评分

规定套路要充分展示完成动作的质量，以及是否符合规定的技术要求。对所完成的动作按照规定套路扣分表执行。

- 规定套路艺术表现的评分

○ 全队精神饱满。赛场文明礼貌，队列、队形整齐划一，分值为4分。

○ 动作的幅度、力度、节奏、韵律、姿态，分值为10分。

○ 熟练性和表现力，分值为6分。

自选套路

01 自选套路分值的构成（总分为100分）

- 完成情况：40分；
- 难度动作：20分；
- 组织编排：25分；
- 艺术表现：15分。

02 自选套路技术完成情况的评分

- 完成情况：自选套路中绕环、翻拍、转体、抛接四类基本技术动作在完成过程中是否规范。自选套路完成情况的扣分按照自选套路扣分表执行。

- 自选套路中难度动作的评分

○ 一套自选动作必须包括下列基本类型动作：绕环类、翻拍类（摆拍、绕翻）、转体类、抛接类。

○ 基本类型动作共8分。编排上缺一类动作，将扣除该类动作的全部分值，如部分运动员缺少，将扣除该类动作部分分值。

○ 全套动作除包括四类基本类型动作外，还要达到6个A组，5个B组，2个C组的难度动作要求。

● 自选套路组织编排的评分

○ 组织编排：符合柔力球的技术特点；动作编排符合音乐的意境；动作选择具有全面性，编排具有科学性、创新性和艺术性；动作连接流畅，队形变化合理。

○ 动作连接不够流畅、合理，扣0.5~5分。

○ 在全套动作中每形成一次停顿、持球、拐点和直线运动，扣1分。

○ 自选套路竞赛，音乐开始后运动员允许有入场行进或徒手准备动作，但必须在音乐开始后的2个8拍以内完成，否则将扣0.5分。

○ 自选套路的编排形式和连接顺序与规定套路相同4×8拍以上，扣至5分。

○ 集体自选套路和双人自选套路中，必须有对抛，否则扣1分。

○ 集体项目的自选套路中，至少要有六次队形变化（不包括入场和退场），每少一次队形变化，扣一分。

○ 队形杂乱，图形不清晰，扣一分。

○ 在全套动作中鼓励流畅自然的整体艺术表现。老年人不允许有空翻、倒立、下桥等不利于动作衔接和身体安全的动作，每出现一次扣一分。

● 自选套路艺术表现的评分

○ 全队精神饱满，赛场文明礼貌，队列、队形整齐划一，分值为4分。

○ 动作的幅度、力度、节奏、韵律、艺术感染力以及音乐意境的表达，分值为6分。

○ 熟练性和表现力，分值为5分。

帮你解读竞技比赛主要规则

发球

发球员站在发球区内任何位置，有一只支撑脚不得移位和跳起。一只手将球向后上方清晰地抛出，球飞行上升高度不低于10厘米。另一只手持拍迎球，球拍触及球的一瞬间，通过来球运行方向和路线，以相应的拍形和缓冲速度，顺势将球引入球拍，并以明显的、完整的引化动作，连贯流畅地将球抛出，经比赛球网的上方落入对方有效区内的球为发球。规则规定，发球可以落在对方场区的任何位置，但在发球时必须采用高入低抛的弧形引化动作完成发球。

前场进攻球

在进攻时采用支撑或腾空完成的旋转，低入高抛等由上向下的快速进攻球为高点进攻球。在赛场的限制区内，可以使用所有的技术动作，但在球出球拍所运行的切线方向必须是由下向上运行，不得低于网顶部所在水平面。球应以向上的抛物线通过球网的垂直面进入对方场区，否则被视为前场进攻违例。攻方队员在做快速大力的高点进攻球时，攻方队员的支撑点和起跳点可以在场地的任何位置，但在动作完成后的支撑点和落点必须在赛场的限制线后，在进攻动作完成后的瞬间身体的任何部位都不得触及限制区和限制线。

违例类型

接抛球（含发球）过程中球与球拍间出现硬性撞击、弧形引化中断、连击球等现象为接抛球违例。

硬性撞击

球拍表面触及球的瞬间无完整缓冲“引化”过程与球相对发生的碰撞为硬性撞击。（如有不明显的撞碰现象但做出了完整的“引化”动作，球拍与球是相向运动，这样有接触响声可不判犯规。）

弧形引化中断

球拍在弧形引化过程中，出现任何引起引化运动轨迹突然改变的现象为弧形引化中断。这其中包括引化间断、持球引化、引化逆转、折向发力等形式。

引化间断

在弧形引化过程中出现短暂的停顿，又二次加力延续引化过程为引化间断。

持球引化

在球引化入拍后，球与拍之间失去离心力和向心力，球拍托球运行称为持球引化。

引化逆转

在球以顺时针方向引化入拍后，又转为逆时针方向出球，以逆时针方向引球入拍，又转为顺时针方向出球为引化逆转。

折向发力

在球引化入拍后，突然折拐改变方向，脱离了弧形引化轨迹，拍弧对应关系严重错误，为折向发力。

连击球

球在球拍上发生一次以上的触及为连击球。

附录：全国性中老年人柔力球交流活动一览表

时间	地点	赛事	参赛人数	主办	备注
2002.11	北京市	全国首届中老年人太极柔力球比赛	500人	中国老年人体协	
2003.12	上海市	第二届全国中老年人太极柔力球比赛	900人	中国老年人体协	
2004.9	新疆维吾尔自治区库尔勒市	第三届全国老年柔力球比赛	700人	中国老年人体协	去“太极”两字
2005.10	云南省玉溪市	第四届全国中老年柔力球比赛	1500人	中国老年人体协	香港、澳门参赛 日本派队表演
2006.10	河北省廊坊市	第五届全国中老年柔力球比赛	1000人	中国老年人体协	日本参赛 出现选拔制
2007.12	陕西省汉中市	第六届全国中老年人柔力球比赛	700人	中国老年人体协	
2008.10	河南省安阳市	第七届全国中老年人柔力球比赛	800人	中国老年人体协	
2009.7	云南省昆明市	第一届全国老年人体育健身大会柔力球交流活动	800人	中国老年人体协	
2010.7	山西省晋中市	第九届全国老年人柔力球交流活动	600人	中国老年人体协	
2011.10	深圳市皇岗村	第十届全国老年人柔力球交流活动	900人	中国老年人体协	
2012.10	四川省德阳市	第十一届全国老年人柔力球交流活动	500人	中国老年人体协	
2013.8	黑龙江省哈尔滨市	第二届全国老年人体育健身大会柔力球交流活动	700人	中国老年人体协	
2014.10	广西壮族自治区桂林市	2014年第十三届全国老年人柔力球交流大会	800人	中国老年人体协	
2015.10	浙江省杭州市	2015年第十四届全国老年人柔力球交流大会	700人	中国老年人体协	
2016.9	广东省广州市	第十五届“皇岗杯”全国老年人柔力球交流活动	800人	中国老年人体协	
2017.6	江西省婺源县	第三届全国老年人体育健身大会柔力球交流活动	800人	中国老年人体协	

图书在版编目(CIP)数据

柔力球 / 中国老年人体育协会编. –北京：人民体育出版社，2018
(老年人科学健身指导丛书)
ISBN 978-7-5009-5197-1

Ⅰ. ①柔…　Ⅱ. ①中…　Ⅲ. ①球类运动–基本知识
Ⅳ. ①G849.9

中国版本图书馆 CIP 数据核字(2017)第 165387 号

*

人民体育出版社出版发行
中国铁道出版社印刷厂印刷
新华书店经销

*

787×1092　16 开本　12.75 印张　215 千字
2018 年 12 月第 1 版　2018 年 12 月第 1 次印刷
印数:1—3,000 册

*

ISBN 978-7-5009-5197-1
定价:50.00 元

社址：北京市东城区体育馆路 8 号（天坛公园东门）
电话：67151482（发行部）　　邮编：100061
传真：67151483　　邮购：67118491
网址：www.sportspublish.cn
（购买本社图书，如遇有缺损页可与发行部联系）